Quanta História Numa História!

Relato das experiências de uma contadora de histórias

Copyright © 2015 Ana Luísa Lacombe
Copyright da edição brasileira © 2015 É Realizações

Editor
Edson Manoel de Oliveira Filho

Produção editorial
É Realizações Editora

Preparação e revisão de texto
Midori Yamamoto e Lizete Machado

Capa, projeto gráfico e paginação eletrônica
Douglas Kenji Watanabe

Imagem da capa
Bordado de Marília Sodré

Produção de áudio
Sérvulo Augusto

Reservados todos os direitos desta obra. Proibida toda e qualquer reprodução desta edição por qualquer meio ou forma, seja ela eletrônica ou mecânica, fotocópia, gravação ou qualquer outro meio de reprodução, sem permissão expressa do editor.

CIP-BRASIL. CATALOGAÇÃO NA FONTE
SINDICATO NACIONAL DOS EDITORES DE LIVROS, RJ

L146q

Lacombe, Ana Luísa, 1963-
Quanta história numa história : relatos das experiências de uma contadora de histórias / Ana Luísa Lacombe. – 1. ed. – São Paulo : É Realizações, 2015.
136p. : il. ; 23 cm.

Acompanhado de CD
ISBN 978-85-8033-204-9

1. Arte de contar histórias. 2. Arte de contar histórias – Estudo e ensino I. Título

15-24244   CDD: 028.55
                                                                    CDU: 028.5

01/07/2015   01/07/2015

É Realizações Editora, Livraria e Distribuidora Ltda.
Rua França Pinto, 498 · São Paulo SP · 04016-002
Caixa Postal: 45321 · 04010-970 · Telefax: (5511) 5572 5363
atendimento@erealizacoes.com.br · www.erealizacoes.com.br

Este livro foi impresso pela Edições Loyola em julho de 2015.
Os tipos são da família Fairfield LT Std, DF Organics, DF Primitive e Bruno JB Std.
O papel do miolo é pólen soft 80g, e o da capa, cartão ningbo star 250g.

Quanta História Numa História!

Relato das experiências de
uma contadora de histórias

Ana Luísa Lacombe

Agradecimentos

Queria deixar minha gratidão às pessoas que me ajudaram pacientemente lendo, corrigindo, dando sugestões, fazendo críticas: meus pais, Francisco Lacombe e Anna Maria Lacombe, meu irmão Georges Lacombe, meus amigos Ilan Brenman, Simoni Boer e Paula Quental.

Não posso deixar de agradecer às colaboradoras que transcreveram a gravação de minhas aulas, Ana Carolina Bjonberg e Patricia Torres.

Gratidão também às instituições que permitiram que eu relatasse as experiências vividas por meio delas: Associação Arte Despertar, Centro da Cultura Judaica e AACD (Associação de Assistência à Criança Deficiente).

Sumário

1. Apresentação, 10
2. Como as Histórias Entraram em Minha Vida, 14
   Como Começou essa História de Contar Histórias..., 15
   Por que Resolvi Contar Histórias?, 18
3. Por que Contar e Ouvir Histórias, 22
4. Como Tudo Começou, 28
   Mitos, 29
   Fábulas, 32
   Contos de Fadas, 36
   Lendas, 42
   Conto de Autor, 44
5. Formação de Repertório, 46
6. O Estudo da História, 52
   Primeiro Ato – Apresentação, 55
   Segundo Ato – Conflito, 55
   Terceiro Ato – Resolução, 56
   Contar com o Livro, 58
   Contar "de Boca", 58
   Mediar, 59
7. Recursos Pessoais, 62
   Quem é Você, Contador?, 63
   Respiração, 64
   Linguagem Corporal, 64
   Olhar, 65
   A Partitura da Fala, 66
   Ritmo, 66
   Dinâmica, 66
   Pausa, 66
   Tessitura, 67
   Timbre, 67

8. Como Preparar-se, 70

9. Minhas Experiências, 72
    Meu Amigo Miguel, 73
    Histórias em Hospitais, 74
    A Criação de Histórias com as Crianças, 84
    Da Escuta à Criação de Histórias:
        Uma Aprendizagem de Ida e Volta, 84
    Minha Experiência no Centro da Cultura Judaica, 91

10. Conclusões, 96
    Histórias, 100
    Mitos sobre a Origem do Dia ou a Origem do Sol, 101
    Gênesis, 1, 101
    A Conquista do Dia – Kuát e Iaé, 101
    O Sol e os Meninos, 104
    O Deus Sol, 106
    Fábula "A Cigarra e a Formiga" em Duas Versões, 106
    Esopo, 106
    A Cigarra e a Formiga, 107
    Conto de Fadas, 108
    Branca de Neve, 108
    Lendas, 121
    O Anel Mágico, 121
    São Pedro e os Pães, 122
    Histórias nos Hospitais, 123
    O Sapo e a Sereia, 123
    A Ilha, 124
    História na AACD, 126
    O Diamante do Rei, 126

Bibliografia, 127
Sites de contadores de histórias e autores, 132
Sites de instituições citadas neste livro, 133
Sugestões para pesquisa, 134

Quando minha querida amiga, Ana Luísa Lacombe, me convidou para fazer a apresentação do seu lindo trabalho, aceitei no mesmo instante. Conheci a Analú numa oficina que ministrei há muito anos; desde lá, não paramos mais de trocar figurinhas teóricas e práticas sobre a arte de contar histórias.

Considero a Analú uma das melhores narradoras orais do nosso país. Seu grande talento está ancorado numa sólida formação teatral (premiadíssima) e numa pesquisa teórica consistente.

Nos últimos anos, o mundo das narrativas orais sofreu grandes transformações. Um trabalho antes restrito há alguns poucos profissionais agora se vê inundado por uma oferta incontável de contadores de histórias. Quando começamos nessa profissão, não podíamos imaginar que atualmente nos principais guias culturais do país apareceriam indicações de cinema, teatro, parques e… CONTADORES DE HISTÓRIAS. É uma vitória de uma das profissões mais antigas do mundo.

Com o aumento da oferta de contadores de histórias, apareceram cursos de graduação, pós-graduação e vários trabalhos acadêmicos tendo como foco a ARTE DE CONTAR HISTÓRIAS. Oficinas de narração pululam pelo país; festivais e encontros de contadores de histórias estão cada vez mais em voga.

Acredito que nunca houve um momento tão vibrante no Brasil no que diz respeito à prática e teoria da narração oral. Mas, como ocorre quando qualquer uso cresce e aparece, problemas também surgem: cursos rápidos que já chancelam os participantes a se tornarem contadores de histórias, falta de consistência teórica de alguns profissionais, uma banalização da profissão por parte de algumas instituições culturais e educativas, etc. Tais problemas são a confirmação do crescimento desse segmento cultural e educativo tão importante para a sociedade: SEM IMAGINAÇÃO, NÃO HÁ APRENDIZAGEM. E é por isso que mais do que nunca é fundamental, para aqueles que querem adentrar nesse maravilhoso mundo da oralidade, que busquem seus referenciais teóricos e práticos naqueles profissionais que fizeram e fazem parte da história da narração no Brasil. Uma dessas pessoas, com certeza, é a Ana Luísa Lacombe.

Acompanhando seu precioso texto, vocês terão a oportunidade de observar a rotina de uma grande profissional, suas reflexões e um bocado de referências de leituras primordiais àqueles que querem se tornar contadores de histórias profissionais. Para aqueles que querem ser contadores de histórias amadores (alguns tão brilhantes como os profissionais), a Analú aponta caminhos que mostram que qualquer ser humano com vontade de compartilhar histórias pode fazê-lo.

Boa leitura e muitas histórias para compartilhar.

Ilan Brenman

1. Apresentação

Quem ouve
desperta a possíveis.
Heráclito

A proposta deste livro é compartilhar as reflexões que tenho feito desde 2002 sobre a arte de contar histórias. De lá para cá, venho contando histórias para diferentes públicos e ministrando oficinas sobre o tema. Narro, aqui, algumas dessas experiências, trago reflexões de alguns autores, procuro organizar a informação de maneira a construir um percurso entre o conceito e a prática. É minha contribuição ao resgate dessa arte tão antiga quanto o homem, de grande valor cultural, social, pedagógico e terapêutico.

A ideia de fazer este registro surgiu durante o projeto "Trilogia Faz e Conta", que desenvolvi entre 2010 e 2011, e incluiu uma série de palestras para professores, além da encenação dos meus espetáculos teatrais, que exploram a linguagem da narração de histórias, em diversas cidades brasileiras.[1]

Este relato é fruto, ainda, de minha intensa atividade como contadora de histórias em hospitais, escolas e espaços culturais, como coordenadora do Sipurim – Hora da História, projeto do Centro da Cultura Judaica em São Paulo – e como professora e depois coordenadora do Curso de Formação de Contadores de Histórias da Biblioteca Hans Christian Andersen, também em São Paulo. Neste livro procuro refletir sobre as inúmeras questões surgidas ao longo desses anos e dou sugestões práticas para quem quer cativar uma plateia.

Recomendo algumas leituras importantes a quem queira realmente se aventurar nesta arte. Em primeiro lugar, um passeio pelos contos populares de várias culturas – o que considero fundamental antes de começar a ler este livro ou qualquer outro

---

1 *Fábulas de Esopo* estreou em 2003 e traz as fábulas "A Queixa do Pavão", "O Leão e o Mosquito" e "O Ratinho do Campo e o Ratinho da Cidade". Texto e músicas de Paulo Garfunkel e direção de Gustavo Trestini / *Lendas da Natureza* estreou em 2006 e traz os mitos de povos indígenas brasileiros: "A Árvore de Tamoromu" e "Begorotire, O Homem Chuva". Texto de Ana Luísa Lacombe e Simoni Boer, que também assina a direção / "O Conto do Reino Distante" com texto inédito de Simoni Boer e direção de Paulo Rogério Lopes. Para saber mais veja o site: www.fazeconta.art.br

sobre o assunto. Além de oferecer repertório para relacionar os conceitos abordados pelos livros teóricos, isso vai proporcionar um melhor entendimento do que é o "inconsciente coletivo" de que fala Carl Gustav Jung, tão presente nos contos populares. As imagens que são recorrentes no inconsciente humano, onde quer que estejamos, aparecem nos sonhos e nas histórias. Elas estão repletas de símbolos e mensagens, que os ensinamentos de Jung, posteriormente Bruno Bettelheim seguindo as teorias freudianas e outros estudiosos do tema têm nos ajudado a desvendar.

Em seguida, recomendo ler Joseph Campbell, antropólogo cujo pensamento é fundamental para quem quer se aprofundar no tema. Em especial, seu livro *O Poder do Mito*, cujo conteúdo surgiu a partir de um documentário de mesmo nome (exibido no Brasil pela TV Cultura), disponível em DVD e na internet. No filme, o jornalista Bill Moyers faz uma entrevista com Campbell sobre sua pesquisa a respeito dos mitos e dos heróis.

Importante, também, conhecer o que autores brasileiros já escreveram sobre esse tema: Fanny Abramovich, Ilan Brenman, Gislayne Matos, Regina Machado, Gilka Girardello, Benita Prieto, Nelly Novaes Coelho e Fabiano Moraes, entre outros.

Minhas reflexões sobre a arte de contar histórias vieram de uma maneira um pouco caótica: a partir de palestras e leituras que me caíam nas mãos sem muito critério. Se o título ou o curso me interessava, eu bancava. Quando resolvi começar a dar aulas sobre isso, precisei pôr em ordem essas informações. Identifiquei as primeiras perguntas que surgiram quando comecei a perscrutar este universo dos contos populares. A pergunta que o meu avô, historiador, me ensinou a fazer é: como as coisas começaram?

Esta foi minha primeira pergunta: como a história das histórias começou? Como isso se dá na linha do tempo, sua cronologia? A segunda questão veio a partir de meu gosto em classificar, botar etiqueta e guardar as coisas nas suas pastinhas, virginiana que sou. Intrigava-me saber qual seria a diferença entre contos de fadas, mitos, lendas e fábulas. Não conseguia entender se eram maneiras diversas de nomear o conto popular, ou se havia uma especificidade em cada uma dessas classificações. Em minha biblioteca, tenho o livro *Lendas do Mundo Inteiro*, cujo conteúdo é uma série de mitos gregos! Outro, com o título *Contos de Fadas*, traz lendas, mitos e, claro, contos de fadas também. Percebi que algumas histórias têm uma perninha em cada caixa, porque não estamos falando de um tema assim tão cartesiano. Mas há contos que são bem específicos; facilmente identificamos a que universo pertencem.

    Os contos populares refletem os valores, a ética, a religião, a espiritualidade, os anseios e medos humanos, tudo está ali. Ninguém sabe onde e como começaram esses contos. Eles foram passando de boca em boca e chegaram até nós. Como permaneceram, certamente continuam traduzindo o pensamento do ser humano, trazendo elementos dos países em que se originaram, mas também se conectando com outros países, outras culturas, confirmando que somos todos iguais.

    Percebi que os estilos – mitos, fábulas, contos de fadas – dialogavam com o momento histórico em que atingiam seu apogeu.

    Cada um se apropria do conhecimento de uma forma, e esse foi o jeito que encontrei, pelo menos até este momento, de organizar isso. Pode ser que sirva para você, pode ser que não. As informações que recebemos temos que olhar com espírito crítico, pensar e ponderar sobre o que nos interessa e o que podemos descartar.

    Teci todas essas informações: os livros que li sobre o tema, as questões que surgiam nos cursos e palestras que dava, bem como a minha experiência prática. Apresento aqui o tapete tramado com os fios de tudo isso. Espero que ele leve a uma prazerosa viagem.

2. Como as Histórias Entraram em Minha Vida

Hoje vivemos. Mas amanhã
o hoje será uma história.
O mundo inteiro, toda a vida
humana é uma longa história.
Isaac Bashevis Singer

Como Começou essa História de Contar Histórias...

Eu as ouço desde sempre narradas por mãe, pai, avós, professoras... Tive a felicidade de nascer numa família de leitores, portanto, sempre gostei de ler.

Nas férias, meu irmão e eu saíamos do Rio de Janeiro e atravessávamos a Baía de Guanabara na balsa de carros para ir ao sítio dos meus avós maternos. De manhã, vivíamos histórias de aventura que inventávamos nas brincadeiras, encarapitados no alto das árvores. Fazendo acampamentos, brincando de índio, pintando-nos de urucum.

Na hora do lanche, sentados em torno da enorme mesa de madeira rústica da cozinha, ouvíamos as histórias de quando minha mãe e meus tios eram crianças e passavam as férias naquele sítio perto de Niterói, no Estado do Rio de Janeiro, num lugarejo chamado Paciência. Ela narrava as brincadeiras que faziam, as brigas, os passeios e os contos de fadas que ouvira da avó. Eram contos dos Irmãos Grimm, vindos pela oralidade brasileira. À noite, minha mãe lia para nós livros de Monteiro Lobato e da Condessa de Ségur, a Coleção Menina e Moça, *Pollyana*... Essa tinha sido a leitura de sua infância e foi a minha iniciação na literatura.

Minha avó Lucia, mãe da minha mãe, ensinou-me a bordar, a fazer tricô, tapeçaria e um pouquinho de costura. Bem pequena já me interessei pelo assunto, e ela pacientemente me ensinou. Nessas horas conversávamos bastante, e ela me contava um pouco das histórias da família, um pouco dos vestidos, de como era a moda. Também me contava uma história que eu adorava "Um Olhinho, Dois Olhinhos, Três Olhinhos", dos Irmãos Grimm. Essa avó é pintora, uma grande aquarelista que me ensinou a ver o mundo através do belo.

Meu avô materno era brigadeiro da Aeronáutica e adorava política. Comprava TODOS os jornais, que lia de cabo a rabo. Com ele, as histórias eram os acontecimentos do momento em discussões inflamadas, nas quais defendia suas ideias.

Meu pai toca piano, e temos uma conexão pela música. Lembro-me de estar sentada em seu colo para ouvi-lo contar a história da "Suíte dos Pescadores", de Dorival Caymmi. Ouvíamos o disco, e ele explicava. Não esqueço a tristeza poética daquele momento, quando descobri que o homem morria no mar. Tristeza boa de sentir, pois era embalada pela música de Caymmi.

O pai de meu pai era o rei das histórias, só que com H maiúsculo. Era um grande historiador e contava para nós a história do nosso país. Mas não era de um jeito chato ou dando aulas, nada disso! Aos domingos, os netos reuniam-se na casa desses avós. Era uma casa de três andares. No último, ficava a biblioteca do Vovô Meco. Tinha mais de não sei quantos mil livros. Uma delícia aquele cheiro de livro encadernado! Meu avô mandava encadernar e colocava o seu *ex libris*, para não deixar dúvidas sobre a quem pertencia cada exemplar. Às vezes, as histórias vinham no meio da conversa, às vezes na dúvida de algum primo que estava estudando determinado assunto. O vovô contava os episódios de nossa História como se tivesse participado de todos os fatos. Parecia íntimo dos vultos do passado. Era um ótimo contador de histórias!

Minha avó Gilda, mãe do meu pai, ensinou-me a fazer crochê. Era muito carinhosa e tinha talento para os doces. Que eu adorava comer, mas fazer... Este já não era meu forte. Ela me apresentou Agatha Christie e seu indefectível *monsieur* Hercule Poirot, de quem fiquei fã. Vovó tinha a coleção completa. Minha adolescência foi recheada desse tipo de literatura. Adorava Arsène Lupin, um personagem do tipo ladrão de casacas. Este foi meu pai que me apresentou.

Em casa, almoçávamos e jantávamos quase sempre juntos e, nesses momentos, conversávamos bastante. Não havia TV na sala, e tínhamos tempo de trocar ideias. Tornei-me uma boa leitora. Com 9 anos elegi como meu preferido *Os Colegas*, da Lygia Bojunga Nunes, que li várias vezes seguidas. Chegava ao fim, voltava para a primeira página e começava de novo. Depois me apaixonei pelo *A Fada que Tinha Ideias*, da Fernanda Lopes de Almeida. Eu queria ser a Clara Luz!

Meus pais sempre nos levaram para ver peças de teatro. Vi todas as montagens do Tablado, do Grupo Navegando, do Ilo Krugli... Fui aluna do Ilo aos 7 anos numa escola que ele tinha no Rio de Janeiro chamada NAC (Núcleo de Artes Criativas). Depois, na adolescência, já querendo fazer teatro, fui aluna da Maria Clara Machado, no Tablado.

Ao mesmo tempo fazia magistério; aprendia violão, clássico e popular, jazz e sapateado; e começava a tentar organizar com colegas do Tablado um grupo de teatro para montarmos um espetáculo. Até que entrei para a companhia teatral de Jorge Dória e viajei com ela numa turnê do espetáculo *Escola de Mulheres*, de Molière, dirigido por Domingos de Oliveira. Depois de uma volta pelo Brasil de quase um ano, chegamos a São Paulo em 1986, de onde não saí mais.

Participei de várias montagens teatrais, fazia adereços para espetáculos, montei uma produtora de eventos artísticos e um grupo teatral chamado Cenas In Canto. Produzimos vários espetáculos nos nossos 12 anos de existência. Nessa mesma época, montei, com uma sócia, um ateliê de figurinos para teatro e ópera chamado Roupa de Cena; além disso, dava aulas de teatro.

Fazer teatro é um jeito de contar histórias e faço isso desde a década de 1980. Mas assumir a palavra só para mim e ser onisciente de toda a narrativa é algo que faço desde 2002.

Por que Resolvi Contar Histórias?

Quando, em 1996, vi Leila Garcia contando histórias, fiquei encantada. Nunca tinha pensado na possibilidade de narrar histórias como uma forma de expressão artística. Nesse dia, o desejo apareceu e a Tia Corina emergiu da poeira. Nem me lembrava mais dela, contadora de histórias que, no tempo em que fiz magistério (1978 a 1980), nos ensinava a contar histórias para nossos futuros alunos. Era engraçada essa Tia Corina, com seus cabelos vermelhos, sombra muito azul nos olhos e delineador. Parecia a Endora, mãe da feiticeira do seriado da TV. Ela nos ensinava a fazer fichas com desenhos ou figuras recortadas em cartolina, com lixa atrás para colar no flanelógrafo. Lembro-me de que preparei o material para contar "A História da Nuvenzinha", um conto popular. Ensaiei bastante e contei na casa da minha avó paterna para meus primos menores. Tia Corina tinha ficado escondida no fundo do meu baú de memórias. Eu já havia contado histórias, mas me esquecera dessa experiência....

    Depois de ver a Leila, comecei a pensar na possibilidade de experimentar essa linguagem. Abri uma pasta no computador com o nome FAZ E CONTA, onde juntava histórias e ideias. Porém, como nessa época ainda tinha o grupo de teatro musical, a produtora de eventos e o ateliê de figurinos, não consegui levar adiante o projeto. Foi somente em 2002 que comecei a ser autora do meu discurso. Comecei a ver os contadores de histórias, ler sobre o tema, fazer oficinas, ouvir palestras. Queria descobrir o que era e como era essa nova linguagem. No entanto, o que estava me interessando nessa busca era uma autoria, não no sentido de escrever, mas no de escolher sobre o quê e como falar. Buscava assuntos que julgasse importantes serem discutidos, que provocassem e fizessem as pessoas pensar: crianças, adultos, jovens – pessoas de todas as idades. História é para todas as idades.

Depois de uma oficina com Kelly Orasi, senti-me segura para começar a experimentar a narrar e lá fui eu! No começo, houve alguns desbravamentos: a primeira etapa a ser vencida foi a de entrar em uma nova "comunidade", conhecer os contadores de histórias, os eventos relacionados, frequentar esse novo grupo e refazer meu eixo de atuação profissional; depois, descobrir que podia abrir mão de alguns recursos teatrais, pois fui apostando cada vez mais na palavra e percebi que o texto se bastava.

Sempre vou transitar entre o teatro narrativo e a narração pura e simples. Gosto do formalismo do teatro: o texto de cor, as marcações cênicas rigorosas e a roupagem teatral (figurino, luz, trilha musical). Mas descobri que narrar sem nenhum desses recursos, acreditando apenas na história, é uma coisa deliciosa. Encantei-me com a musicalidade do texto e percebi que esse trabalho era muito profundo e interessante. Ultimamente venho me dedicando também a narrar contos literários. Adoro o sabor da palavra eleita. Nada como um texto bem escrito! Esse prazer do texto literário é inegável, mas não podemos esquecer que o conto popular é a base. É o manancial onde os autores se inspiram; é o alicerce do pensamento humano, repleto de imagens e símbolos. Sobre o conto popular podemos transitar mais livremente, pois ele não é de ninguém e é de todos. Já o conto de autor tem um estilo que eu gosto de respeitar.

Atualmente, realizo três tipos de apresentação:

- teatro narrativo: espetáculos com todos os recursos inerentes ao teatro e que são apresentados em espaços cênicos mais formais;
- narração de histórias: nas quais utilizo meu violão ou *ukelele*, permeando as apresentações com algumas canções, eventualmente usando objetos. Nessas apresentações, que podem ser feitas em qualquer lugar (desde que seja adequado,

sem interferências externas), não há necessariamente um figurino, nem uma iluminação cênica, nem marcações rigorosas. São abertas para o público se manifestar, e, se achar necessário, modifico o repertório planejado;

- leitura viva: leituras de textos literários, ensaiadas, com a musicalidade do texto trabalhada e com uma leve encenação. Em geral, são apresentações para adultos.

Ministro cursos em muitos lugares e para vários tipos de público: escolas, espaços culturais, ONGs. Capacito voluntários, funcionários de empresas, educadores, leigos interessados no tema, contadores de histórias profissionais ou amadores.

Em 2013, tornei-me também escritora lançando meu primeiro livro de histórias *A Árvore de Tamoromu*, ganhador do prêmio de Melhor Reconto pela FNLIJ, ilustrado por Fernando Vilela e editado pela Formato. Além do livro *Histórias na AACD*, resultado de um trabalho desenvolvido ao longo de 2010 e 2011 (ver capítulo "Minhas Experiências"), organizei o *Teia de Experiências – Reflexões sobre a Formação do Contador de Histórias* publicado pelo Departamento de Bibliotecas Municipais de São Paulo, no período em que eu coordenava o curso, e disponível para baixar gratuitamente em pdf. (veja link no final do livro).

3. Por que Contar e Ouvir Histórias

Uma boa história faz a gente achar que viveu uma experiência completa e satisfatória. Pode-se rir ou chorar com uma história. Ou fazer as duas coisas. Terminamos uma história com a sensação de que aprendemos alguma coisa sobre a vida ou sobre nós mesmos.

Christopher Vogler

Percebi que contar histórias é importante sempre, em qualquer época e em qualquer situação. Elas são necessárias para entendermos o mundo que nos cerca, e a nós mesmos. Nelas estão contidos os pensamentos humanos mais ancestrais. Ouvir histórias propicia uma entrada no universo da narrativa, facilitando o caminho para o aprendizado da leitura. Contudo, as histórias são muito mais do que cultura e conhecimento, nós precisamos delas.

As histórias nos contextualizam, dão significado às coisas, explicam nossa existência, dando sentido para estarmos no mundo.

Se nos remetermos à história de Roberto Carlos Ramos[2], que teve a trajetória contada no filme "O Contador de Histórias" (2009), de Luiz Villaça, temos um exemplo de como essa importância fica clara. Trata-se de um menino, interno na antiga Febem (hoje, Fundação Casa) nos anos 1970, já considerado um delinquente com apenas 13 anos de idade. Foi então que conheceu a pedagoga francesa Margherit Duvas, de passagem pelo Brasil para fazer uma pesquisa. Ela foi à Febem, ouviu-o contando uma história e ficou impressionada com sua capacidade de fabulação.

A própria história que ele inventou de como foi parar na Febem é uma incrível aventura. Ele criou uma versão fantasiosa para justificar seu abandono pela mãe, para justificar tudo aquilo pelo que estava passando.

Impressionada com a imaginação e a inteligência desse menino, Margherit resolveu focar sua pesquisa nele. Ela o alfabetizou e despertou nele o interesse pelas histórias. Roberto Carlos testou o amor dela por ele de várias maneiras, mas ela acabou adotando-o e levando-o para a França. Hoje ele é um dos maiores contadores de histórias do Brasil, adotou várias crianças, mora em Minas Gerais e

[2] Veja o site dele no final deste livro.

circula pelo país inteiro contando suas histórias. Foi salvo por elas, um exemplo cabal de que as histórias são realmente necessárias para a nossa existência.

As histórias representam uma importante contribuição para a estrutura da vida emocional do ser humano. Vários estudos já comprovaram que elas têm uma enorme relevância na vida psíquica das crianças. Inclusive os contos de fadas, com seus conteúdos às vezes carregados de violência, têm seu potencial terapêutico aprovado pelos profissionais da área. Pude perceber isso claramente em minha experiência contando histórias em hospitais e na AACD (veja nos capítulos adiante episódios vividos nessas instituições).

Várias pesquisas já foram realizadas mostrando mudanças positivas no comportamento, tanto de crianças que foram abandonadas e vivem em abrigos (o caso de Roberto Carlos) como de crianças com dificuldades de aprendizagem.

Com as histórias e seu mundo simbólico, elas podem elaborar os próprios medos, dificuldades, angústias. "Era uma vez..." é uma narrativa que não acontece no tempo presente, mas num passado indeterminado, dando à criança a segurança de se deixar levar pelo enredo. Há uma garantia de que aquilo não está acontecendo, não acontecerá, muito menos aconteceu. É uma forma de a criança sair da crueza da realidade, deixando a imaginação levá-la aonde quiser. Assim ela pode "brincar" com os temas da sua realidade, às vezes tão difíceis: abandono, separação, o amor, a morte, o medo, a rivalidade entre irmãos...

Além disso, o momento em que alguém está narrando uma história para uma criança ou um grupo é, como diz a pesquisadora e contadora de histórias Regina Machado, "um contato humano insubstituível". A voz se modifica e todos são transportados para um mundo onde tudo é possível. A voz que na rotina do dia a dia dá ordens ("Escove os dentes!", "Coma tudo!", "Tome banho!"), nessa hora entra em outra chave de comunicação. É a voz que acolhe, acalenta e acarinha.

Mas não só os contos de fadas ou de ficção são importantes narrar. As histórias da família, de onde são os ancestrais, como os pais se conheceram, suas travessuras de infância... Essas conversas dão à criança a sensação de pertencimento. Elas entendem que fazem parte de uma história maior, que se iniciou antes delas. Começam a perceber, por meio dos episódios familiares, a influência deles na sua própria história; mesmo que num primeiro momento esse não seja um processo consciente. Por isso, contei um pouco de minha história no início deste livro. Essa história é o que sou e determina minhas escolhas e meu caminho.

O amadurecimento de uma criança, sua busca pela independência, é um processo sofrido, doloroso e amplamente apresentado dentro dos contos populares, lendas e mitos. Pelas metáforas apresentadas nessas histórias, a criança pode ir entendendo e elaborando os desafios que a vida lhe apresenta.

A importância de contar histórias para pessoas de todas as idades, inclusive bebês, é amplamente divulgada e discutida por profissionais da área, tanto pelos próprios contadores de histórias como por psicólogos e educadores. Quando narrei histórias em hospitais pude comprovar isso. Atuávamos às vezes na UTI neonatal e, quando contávamos histórias para os bebês nas incubadoras, víamos nos aparelhos que os monitoravam o reflexo disso: a respiração acalmava, o coraçãozinho batia compassado e a expressão no rosto se suavizava. Ficou muito claro para mim desde então que contar histórias tem um efeito terapêutico. Certamente os bebês não têm entendimento do que está sendo dito, mas, quando as contamos, imprimimos um ritmo, pausas e uma emoção que pode ser compreendida por eles. Sejam histórias de livros, ou sobre o que a pessoa fez durante o dia ou de que se gostava de brincar quando criança... Essas narrativas vão formando, pouco a pouco, o entendimento da comunicação. A hora de colocar as crianças para dormir pode ser um dos bons momentos para isso. O escurinho do quarto, a voz baixa e suave, o toque das mãos fazendo um cafuné... Estabelecer esse ritual pode facilitar em muito o momento de dormir que, às vezes, é tão difícil. Ele não deixa de ser uma "separação" entre a criança e seus pais. Por isso, nessa hora, elas costumam pedir sempre as mesmas histórias. As histórias conhecidas criam um elo de segurança. A minha era um conto chamado "O Anjinho que Tinha Medo do Escuro", criado pela minha mãe e repetido infinitas vezes antes de irmos dormir.

    Transmitir emoção autêntica quando lemos um texto de outra pessoa é parte da arte do contador de histórias, mas, quando contamos as histórias preferidas na infância, elas vêm repletas de emoção natural e verdadeira. Vêm impregnadas de vínculo afetivo, pois remetem o contador à sua própria infância. No entanto, não somente histórias ouvidas devem ser narradas; as experiências vividas sempre encantam as crianças que gostam de saber que os adultos foram crianças e vivenciaram sentimentos semelhantes.

    Hoje, trago em meu repertório várias histórias que fui recordando com minha família e tenho imenso prazer e emoção quando as conto. Elas têm uma raiz muito profunda em mim e, naturalmente, isso aparece no momento em que estou narrando.

4. Como Tudo Começou

Perguntar qual é a origem das
histórias (não importa como estejam
classificadas) é perguntar qual é
a origem da linguagem e da mente.
J. R. R. Tolkien

O conto popular traduz o pensamento do povo. Não é o ponto de vista de um historiador ou de um pesquisador, que têm um olhar científico, que já fizeram uma análise, um recorte. É um pensamento coletivo, é o que diz respeito a todos.

Desde o início dos tempos o homem conta histórias: para relatar os feitos do dia, para explicar fenômenos da natureza, para ensinar as regras de convivência em comunidade, para registrar feitos grandiosos...

Muitos estudos foram e ainda são feitos no sentido de entender a origem das narrativas e como classificá-las. Faço aqui uma classificação grosso modo apenas com o intuito de orientar um pouco nosso pensamento em relação ao assunto.

Vou usar a imagem do olhar com o qual o homem se enxerga diante do mundo. As histórias são a expressão desse olhar. Ao final do livro, há um caderno contendo algumas histórias que exemplificam o que vou tratar a seguir.

Mitos

Mitos são histórias de nossa busca da verdade, de sentido, de significação, através dos tempos. Todos nós precisamos contar nossa história, compreender nossa história. Todos nós precisamos compreender a morte e enfrentá-la, e todos nós precisamos de ajuda em nossa passagem do nascimento à vida e depois à morte. Precisamos que a vida tenha significação, precisamos tocar o eterno, compreender o misterioso, descobrir o que somos.

Joseph Campbell, *O Poder do Mito*

Antes mesmo de falar, o homem já contava histórias pelos desenhos rupestres nas cavernas. Já havia uma forma de narrativa ali, um jeito de informar o que estava acontecendo e o ambiente que o cercava. Quando o homem começa a falar, começa a nomear o mundo ao redor, e os acontecimentos passam a ser organizados em narrativas. A partir desse momento, "as coisas começam a existir" porque foi dado nome a elas. Mas não bastava só dar nome, o homem queria entender que mundo era esse: como tudo começou, de onde viemos, o que é o sol, a lua, o fogo, as estrelas...

No início da civilização, não existia ciência nem filosofia, e as histórias é que davam conta de explicar essas questões. Hoje, a ciência elucidou a maioria dessas perguntas. Imaginem quando o homem não tinha ideia do que estava acontecendo e era só surpreendido pelo poder da natureza! Ele precisava entender o que se passava e começou a criar suas primeiras narrativas para, justamente, dar essas explicações. Como o nosso Roberto Carlos, que foi criar uma história para explicar sua origem, o homem começou a dar uma explicação para esse mundo que o cercava. Cria-se a primeira forma de narrativa: o mito, que fala sobre a origem das coisas. Todas as culturas, todos os povos têm uma mitologia para dar suas explicações.

A mitologia mais conhecida de todos nós é o livro mais vendido, mais divulgado, mais editado na história da humanidade: a Bíblia. A maioria de nós conhece o Antigo Testamento, que é *uma* das mitologias. Mas existem inúmeras outras, com suas respectivas explicações. Muitas delas com imagens comuns, como o dilúvio. Os índios brasileiros, os peruanos, os bolivianos, os povos da Austrália, os gregos, os mexicanos, o povo da Malásia, todos falam em dilúvio. Ele acontece mais ou menos pelos mesmos motivos. Os homens estavam, de algum modo, deixando de reconhecer o poder de seu deus, ou deuses, e comportando-se de forma egoísta e leviana. O dilúvio vem para "dar uma zerada" e começar tudo de novo, de um jeito melhor.

Esse é um tema muito interessante. Pesquisar as diferentes culturas e verificar como cada uma delas explica a origem do homem, os primórdios da Terra, o que acontece depois da morte, como surgiu o fogo. Porque aí percebemos como cada povo formulou essa questão. Por isso, quando fui preparar meus primeiros mitos (aliás, a primeira história que contei foi um mito: "Begorotire, o Homem Chuva", no curso com a Kelly Orasi), percebi que teria de ler outros mitos desse mesmo povo e de outros povos indígenas para entrar no universo simbólico e imagético deles. É uma cultura muito diferente da minha e, se eu não me aprofundasse minimamente, não saberia contar essa história. Corria o risco de tentar acomodá-la ao meu ponto de vista e isso empobreceria o que se poderia extrair dela. Um exemplo disso é a origem do dia ou a do sol. Veja no final do livro quatro versões para esse tema: o gênesis, a versão de um dos povos indígenas brasileiros, a versão de um povo africano e a versão da mitologia greco-romana.

Essas narrativas podem ser vistas como uma possibilidade de refletirmos sobre a existência, o cosmos, as situações de "estar no mundo". São narrativas que possuem um forte componente simbólico. O que o mito quer dizer não é explicitado literalmente. Ele guarda uma mensagem cifrada que está no inconsciente coletivo (C. Jung)[3], algo compartilhado pela humanidade toda. Por serem ambientadas em épocas remotas e lugares distantes e conterem imagens e reflexões sobre o início de tudo, essas narrativas costumam ser de difícil compreensão para crianças muito novas, que estão mais interessadas no mundo ao redor. Os mitos trazem ideias que exigem um nível de abstração que essas crianças ainda não têm. Prefiro contá-las às acima de 7 anos. Mas uma coisa é bem importante levarmos em conta quando preparamos uma história: às vezes não temos controle sobre a faixa etária do público que vai nos assistir. Por isso, temos de pensar numa narrativa que tenha vários níveis de leitura para que todos possam aproveitar aquele momento de alguma maneira. Se a história é para os mais velhos, podemos inserir

3 Carl Gustav Jung, *Os Arquétipos e o Inconsciente Coletivo*, 7. ed. Rio de Janeiro, Vozes, 2011.

elementos musicais ou objetos capazes de encantar os menores; um comentário mais sutil que os adultos vão captar, mas as crianças não; enfim, é interessante pensarmos que todos deverão sair contentes dessa experiência, mesmo sem compreender tudo. Pois, afinal, nós compreendemos tudo nesta vida?

Gosto de pensar esse momento da criação dos primeiros mitos como se o homem estivesse olhando para fora, para cima: o mundo e o cosmos. Como um olhar antropológico querendo saber o começo, a origem do mundo e do universo.

Fábulas

O gênero literário da fábula é produto da necessidade natural de descobrir e proclamar a verdade. Até então os escravos, dominados pelos donos do poder e das riquezas estavam coagidos pela "lei do silêncio" a nada comentarem de quanto viam de corrupção nas classes dominantes. Em razão disso foi-lhes facultado o expediente discreto da fábula que enseja ver, avaliar e tirar conclusão pelo prisma da honestidade sem dar a entender que está sendo alvejado esse ou aquele indivíduo.

Luiz Feracine, Fedro, *Fábulas*

Depois de experimentar narrar mitos, resolvi montar um espetáculo teatral narrativo e me decidi por contar fábulas, para continuar minha pesquisa nessa trilha de gêneros. Escolhi três de Esopo: "A Queixa do Pavão", "O Leão e o Mosquito" e "O Ratinho do Campo e o Ratinho da Cidade".[4] Datam do século VI a.C., na Grécia, as primeiras informações sobre esse gênero. Na época, continuavam existindo as narrativas mitológicas: Zeus, deus dos raios; Apolo e seu carro do Sol; Poseidon, deus do mar... Mas agora uma nova cultura

---

4 Paulo Garfunkel, *Três Fábulas de Esopo*. São Paulo, Sesi-SP, 2013. (Texto do espetáculo.)

se impunha, muito mais sofisticada. Já havia filosofia, tragédia, comédia. Uma organização social diferente: a cidade, *polis*, com pirâmide social, castas e funções sociais. Era preciso pensar sobre a nova configuração da sociedade. Onde começam os direitos de cada um e onde eles terminam. Deveres, ética, valores. Essa configuração social e política propiciou que ganhassem relevância as histórias sobre o homem tentando entender o que é ser um ser social, um cidadão.

Nessa época, diz a lenda,[5] existiu um sujeito chamado Esopo, que tinha alguma deficiência; era coxo ou gago, não se sabe ao certo. O fato é que se tornou escravo. Esopo viveu no século VI a.C., mas as histórias dele, as fábulas que ele inventou e a história de sua vida só foram registradas três séculos depois. Passaram-se 300 anos de oralidade. Como quem conta um conto aumenta um ponto, ou o suprime, não sabemos o quanto contêm de veracidade os relatos que chegaram até nós. Há ainda quem diga que Esopo sequer existiu, que suas fábulas eram contos que circulavam entre o povo.

Mas, se considerarmos sua existência, é factível supor que sendo escravo, por meio das histórias podia fazer suas críticas sem risco de ser punido. Usava os animais como protagonistas tornando as críticas sociais mais bem aceitas, pois, afinal, não era dos homens que se estava falando. Tenho certeza de que você se lembrará de:

— "A Cigarra e a Formiga";
— "O Leão e o Ratinho";
— "A Raposa e as Uvas".

Todas essas fábulas foram criadas há mais de 2 500 anos e continuamos contando-as até hoje porque ainda fazem sentido. Histórias que falam sobre as regras morais da convivência humana. Depois de Esopo, vieram outros grandes fabulistas: Fedro viveu

---

5 Explicarei mais adiante o que é lenda.

entre 30/15 a.C. e 44/50 d.C. e foi um fabulista romano nascido na Macedônia, Grécia. Também era escravo como Esopo, mas provavelmente foi alforriado pelo imperador romano Augusto. Quando se iniciou na literatura, registrou muitas fábulas de Esopo, pois a maioria delas ainda não era escrita, mas transmitida oralmente.

No século XVII, surgiu La Fontaine, na corte de Luís XIV, o Rei Sol, que revisitou as fábulas e deu-lhes um caráter literário, escrevendo-as em forma de verso. Ao final do livro, veja "A Cigarra e a Formiga" nas versões de Esopo e La Fontaine (p. 106).

Aquele olhar que, no mito, via de longe o homem na Terra, tentando entender o mundo e o cosmos, aproxima-se. O homem passa a olhar ao redor, e seu ponto de vista torna-se sociológico. Esse olhar quer entender o homem na cidade e as relações que estabelecem essa forma de se organizar: as hierarquias, os direitos e deveres, a moral.

Como as fábulas são para ensinar determinada coisa, elas são curtas e objetivas. Na maioria delas, as personagens são animais, o que pode nos levar a achar que serão bem recebidas por crianças mais novas. Mas nem sempre isso acontece. Quando você conta uma história de comportamento para uma criança muito novinha, não vai fazer tanto sentido para ela. Não é que seja ruim, mas acredito que ela não achará muita graça, não vai perceber o que a história quer dizer. A criança, até 5 anos, ainda não tem consciência dessas regras morais. Seu comportamento de aceitação ou transgressão com relação a elas é ditado pelo desejo de "agradar" ou "desafiar" o adulto do qual depende. A partir dos 6, 7 anos, quando ela começa a se reconhecer como fazendo parte de um mundo para além de sua casa, as normas que regem as relações sociais vão ganhando sentido. Aos 9 anos, a criança já não cumpre essas normas apenas para "agradar" ao adulto, mas porque entende que elas são fundamentais nas relações humanas. Poderíamos dizer que, só nesse momento, as fábulas são entendidas pela criança em seu sentido pleno. Isso não significa que devemos esperar que ela chegue a essa idade para apresentá-la às fábulas! Estas podem e devem ser contadas à criançada a partir dos 6 anos de idade, sendo muito ricas como um "termômetro" para avaliar seu grau de desenvolvimento social. Em meu espetáculo pude perceber isso claramente. Os bem novos (menores de 2 anos) encantavam-se com a ação, os objetos que iam saindo do meu carrinho de feira, o movimento, os sons e a música, mas o texto não conseguiam acompanhar. As crianças entre 2 e 5 anos não se interessavam muito, pois só o movimento não era suficiente, queriam acompanhar as histórias. Contudo, além de o texto de Paulo Garfunkel ser lindamente construído, com uma sofisticação poética difícil para a compreensão das crianças dessa faixa etária, havia também a questão do tema que não era de muito interesse para elas. As com mais de 6 anos começavam a se interessar e aquelas entre 8 e 12 anos adoravam. Riam de todas as piadas e entendiam as reflexões propostas pelas histórias. Tive a oportunidade de fazer apresentações em várias escolas e pude receber o retorno nos debates após o espetáculo e nas observações feitas pelos professores posteriormente. Para aqueles que não tinham recebido dos professores informações antes do espetáculo, no final dele, eu contava sobre Esopo e o momento em que as fábulas surgiram.

    Temos que tomar cuidado para não usar todas as histórias com o objetivo de querer ensinar alguma coisa. História ensina, mesmo que a gente não tenha pensado nisso. Então, deixe-a trabalhar sozinha. Escolha a história não para ensinar e sim porque ela é boa. Porque deu vontade de contar!

    É interessante conversar com as crianças sobre a reflexão que a fábula propõe. Em vez de explicitar a moral ("Quem tudo quer, tudo perde", "Devagar se vai ao longe"), podemos conversar e verificar se elas entenderam o que está sendo dito na narrativa.

Contos de Fadas

Os contos de fadas declaram que uma vida compensadora e boa está ao alcance da pessoa apesar da adversidade – mas apenas se ela não se intimidar com as lutas do destino, sem as quais nunca se adquire verdadeira identidade.

Bruno Bettelheim, *A Psicanálise dos Contos de Fadas*

    Inspirada pelo universo dos contos de fadas, criei meu terceiro espetáculo de teatro narrativo: "O Conto do Reino Distante". Em vez de trabalhar a partir de um conto conhecido, pedi à Simoni Boer que criasse algo inédito, mas que inserisse os elementos básicos e fundamentais do conto de fadas. Muni a autora de milhares de contos e sugeri que a história contivesse alguns elementos que eu considerava simbólicos e essenciais, como uma espada, uma trama de bordado ou tear, uma prova de coragem, tarefas e um universo sombrio permeando a narrativa. Ela criou uma linda história, e não fizemos concessões. Apostamos em expor o lado nebuloso e cruel e obtivemos enorme sucesso. Com direção de Paulo Rogério Lopes, construímos uma narrativa cheia de símbolos e indagações. Tanto as crianças como os adultos se emocionavam e se reconheciam de alguma maneira naquela história. Mas, para chegar ao âmago dessas imagens e para poder trazer esses elementos com propriedade para um conto inédito, lá fui eu pesquisar.

    Assim, fui andando na linha do tempo e cheguei à Idade Média (séc. XI ao XIV). Isso não significa que de uma hora para outra todos resolveram narrar contos de fadas. Essas histórias já vêm vindo desde os séculos III e IV a.C., mas seu florescer foi nessa época.

    Sua origem mais antiga remete ao Oriente, aos manuscritos da Índia e do Egito, *As Mil e Uma Noites*, *Os Mil e Um Dias* e *Calila e Dimna*, entre outros. Esse repertório do conto maravilhoso chega à Europa trazido pelas cruzadas. Lá ele se mistura com a mitologia dos celtas, bretões, vikings (onde Tolkien constrói seu imaginário de *O Senhor dos Anéis*). Os duendes, os *trolls* e os ogros fundem-se nesse mundo maravilhoso. As mulheres ficavam nas casas e nos castelos, tecendo e fiando. Não havia radinho de pilha, TV ou internet. Elas ouviam essas histórias e as contavam entre si, aproveitando também para colocar seus sonhos em prática. No mundo dos contos, podiam casar com príncipes e bravos guerreiros e encontrar magníficos tesouros.

As histórias não eram para as crianças. Elas estavam ali por acaso e ouviam as mulheres que as contavam entre si enquanto trabalhavam. Os homens narravam contos de cavalaria, seus feitos de bravura. Eram os menestréis que andavam pelas ruas e ouviam histórias dos cavaleiros e as contavam nos castelos. Esses contos, seus cavaleiros e suas conquistas e aventuras dialogam estreitamente com os contos de fadas: Rei Arthur, Fada Morgana, Mago Merlim.

Agora, o homem quer saber o que se passa com suas relações pessoais e emoções, e seu olhar volta-se para dentro de si mesmo. Para como são as relações familiares e afetivas, e isso traz um ponto de vista psicológico. Não é à toa que existe uma vasta bibliografia psicanalítica abordando esses contos.

As narrativas já falaram sobre a origem das coisas e o comportamento em sociedade; agora, vão falar de sentimentos, relações humanas e processo de amadurecimento. Por isso, tenho a impressão de que, se eu perguntar "qual história marcou sua infância?", as respostas serão em sua maioria estas: os homens dirão que se lembram dos heróis, pois os super-heróis que recheiam os gibis e as telas dos cinemas nada mais são do que uma derivação dos heróis de capa e espada dos contos medievais; e as mulheres, por sua vez, escolherão algum conto de fadas: "Branca de Neve", "Cinderela", "Rapunzel", ou outro que a mãe ou avó contavam. Por que o conto de fadas nos pega?

As personagens dos contos de fadas não são profundas. A princesa é linda e boa; a bruxa, feia e má. Ponto. Não há nenhum meio do caminho. Mas a história é profunda; ela dialoga diretamente com o nosso inconsciente.

E sobre o que mais falam esses contos de fadas? Falam da questão central do ser humano, que é o processo de individuação: separar-se dos pais e tornar-se um adulto, dono do seu nariz.

Por isso, a estrutura narrativa de muitos contos de fadas assemelha-se à jornada do herói, que é uma estrutura narrativa sobre a qual falarei mais adiante. O percurso do herói ou da heroína, que sai de casa, vive uma porção de peripécias, encontra seu par e casa-se ou volta transformado.

Chapeuzinho Vermelho sai de casa, enfrenta o lobo mau, passa por dentro da barriga dele e termina a história transformada, com um novo aprendizado. Branca de Neve sai de casa para ser morta pelo caçador, mas foge e tem que passar por mais três tentativas de ser morta pela madrasta, até conseguir, finalmente, casar-se e ser feliz.

Esses contos chegaram até nós pelos registros de alguns pesquisadores e escritores como Charles Perrault, na França (p. ex.: "A Bela Adormecida", "O Barba Azul", "O Pequeno Polegar"), Wilhelm e Jacob Grimm, na Alemanha (p. ex.: "Rapunzel", "Branca de Neve", "O Lobo e os Sete Cabritinhos") e Hans Christian Andersen, na Dinamarca (que além de recolher contos, reinventava e escrevia seus próprios, como: "O Patinho Feio", "A Pequena Sereia", "A Rainha da Neve"). Depois deles, muitos pesquisadores e folcloristas também fizeram coletâneas em seus respectivos países. Aqui no Brasil dois dos grandes responsáveis por esse resgate foram Câmara Cascudo e Mario de Andrade.

O encantamento do conto de fadas é que tudo dá certo no final. E o vilão é vingado cruelmente. E isso é importante. É comum os contos abordarem temas incômodos ou o lado cruel dos personagens. Funcionam como uma forma de lidarmos com nosso lado mais sombrio que evitamos aceitar, nossos defeitos ou os defeitos de quem gostamos. Poder lidar com personagens maus, inseguros, medrosos ou com qualquer outra fraqueza humana ajuda a nos entendermos e a lidarmos melhor com nossas imperfeições e as daqueles que amamos. Amadurecer é também saber lidar com esse lado sombrio.

As histórias e seus vilões ajudam-nos revelando a dificuldade de crescer e viver as adversidades impostas pela vida. Por conta disso, recomendo, sempre que possível, conhecer as versões originais dos contos, pois elas possuem símbolos muito fortes e estão impregnadas de arquétipos que mexem com nossas emoções. Às vezes, as versões originais são um pouco fortes, violentas demais, mas é só ter bom senso na hora da escolha, levando-se em conta a faixa etária que se pretende atender. Crianças, de modo geral, gostam de histórias que lhes causam um pouco de medo. Quando anuncio que vou contar histórias de lobo para as de 3 a 5 anos, os olhinhos se arregalam e ganham um brilho de excitação. Medo e prazer misturam-se. De uma coisa podemos ter certeza: nenhuma criança imagina um esguicho de sangue quando o caçador abre a barriga do lobo e retira Chapeuzinho e a vovó. Nenhuma das duas aparece ensanguentada na imaginação infantil. Saem arrumadinhas, muito bem e obrigada. Nós adultos é que complicamos as coisas.

No meu trabalho no hospital, vivi vários episódios nos quais o medo foi amplamente discutido por intermédio dos contos de lobo mau, que servia de representação das angústias. As histórias provocavam alívio e não temor. Era como se a figura do lobo materializasse todo o medo vivido naquele ambiente, que antes não tinha forma e, portanto, era muito mais angustiante. Escolhi trazer neste livro a conhecida história de Branca de Neve justamente por achar a versão original bem mais interessante do que as adaptadas.

As tentativas da madrasta de matar a heroína são repletas de símbolos muito antigos. Você pode ver uma análise desse conto no livro *O que Conta o Conto*, de Jette Bonaventure ou em *Fiando Palha, Tecendo Ouro*, de Joan Gould. Em geral, conhecemos a versão da Disney e deixamos de lado a narrativa original, muito mais rica em símbolos e reflexões.

No filme, Branca de Neve já começa se relacionando com o príncipe, sugerindo que essa é uma aventura onde o que importa é vencer o mal para encontrar o grande amor. Reduzindo o papel da princesa a uma mera espera pelo príncipe que vem resolver seus problemas e não como uma jornada de crescimento interior, onde o príncipe é o prêmio para quem passou por todas as etapas e conseguiu chegar lá. As cores vermelho (sangue e lábios), branco (pele e neve) e negro (madeira e cabelo) são cheias de significados. Segundo Clarissa Pinkola Estés, o negro é a cor da terra, da substância básica na qual semeamos nossas ideias, mas também é a cor da morte. O vermelho é a da fúria, de matar e morrer, mas também a da vibração da vida, da excitação, do desejo. O branco representa o novo, o imaculado, o espírito desembaraçado do físico; é a cor do leite materno. Contudo, é a cor dos mortos, daquilo que perdeu a vitalidade. Em meu espetáculo "O Conto do Reino Distante", procurei trabalhar com essas três cores no figurino e no cenário, criando um visual limpo e trazendo à tona todo o significado delas.

Voltemos à nossa história. O espelho revela à rainha que Branca de Neve é a mais bonita quando esta tem apenas 7 anos. Uma criança começando a entrar na vida de menina. A madrasta quer comer o fígado e o pulmão dessa menina. Quem sabe assim ela adquire suas qualidades? Não é dito no conto, mas podemos supor que isso é resquício de eras remotas onde se comia outro ser humano para adquirir seus atributos e habilidades.

Branca de Neve encontra uma casa na floresta muito arrumadinha e limpa. Toalha branca, comida feita. Os anões são mestres iniciáticos nessa jornada de nossa heroína. Velhos, cheios de sabedoria, que vão ensiná-la a cuidar de si mesma para poder crescer e ser adulta. Ela terá que aprender a arrumar uma casa, cozinhar e lavar. Isso é cuidar de si. O básico para viver. No desenho da Disney, é o contrário que acontece; invertem-se os papéis, e nossa heroína, que deveria estar nessa jornada para aprender, começa a ensinar os velhos...

Mas, sozinha, ela tem seus rasgos de meninice e às vezes se esquece dos conselhos que eles lhe dão. A madrasta descobre seu esconderijo e vem lhe oferecer a primeira tentação: um espartilho, uma fita para apertar a cintura. Ela não resiste, são os desejos de uma menina que está crescendo, ficando com corpo de mulher. Esse apetrecho aperta sua cintura até fazê-la sufocar e cair desacordada. A bruxa sai vitoriosa, mas os sábios anões chegam a tempo de salvar a donzela e lhe soltam a fita.

No entanto, não se aprende assim tão rápido, e Branca de Neve se vê mais uma vez tentada quando a bruxa surge disfarçada com novo presente. Um pente todo ornado com pérolas! Um adorno para os cabelos, cujos dentes envenenados fazem a moça cair no chão, enquanto a madrasta foge às gargalhadas. Mas novamente os anões estão prontos a ensinar e salvar a menina-moça. Ela agora tem longos e sedutores cabelos. Em várias culturas, as mulheres escondem os cabelos e só os mostram aos maridos. Cabelos têm esse poder de sedução. Toda mulher sabe disso. Quanto tempo levamos a arrumar os cabelos quando vamos sair com o ser amado? As muçulmanas usam véus e burcas, as judias ortodoxas vestem perucas e toucas e, quando casam, raspam os cabelos.

Branca de Neve já tem corpo e poder de sedução, será que está pronta para a última visita? Dessa vez, a oferta é... uma maçã!

Na perspectiva dessa nossa análise, não nos resta dúvida de que a maçã representa nada mais do que o sexo. Será que Branca de Neve já é uma mulher? Ainda não. Terá que dormir um pouco para acabar de vivenciar esse processo. Ficar em "infusão" até adquirir a maturação ideal. Quando chega o momento certo, o príncipe vem e a sacode desse sono, desse torpor. Ela pode se ver nesse novo corpo e reconhecer no outro o companheiro para a próxima etapa da vida. Ele não lhe dá um beijo enquanto está desacordada e não tem como decidir. Ao acordar e, depois de ver e escutar o que o príncipe tem a lhe oferecer, ela decide seguir com ele. Mas para essa nova etapa é preciso que a relação com a mãe seja finalizada. Falta "matar a mãe". Assim, os anõezinhos, seus mestres, ajudam-na nessa tarefa no dia do casamento. Todos assistem felizes à morte da bruxa que tentou matar quatro vezes Branca de Neve. Nada mais justo que morra ali na frente de todos.

Tudo isso pertence ao mundo simbólico e é por meio dele que vamos dialogando com o mundo real para amadurecermos e enfrentarmos os verdadeiros embates da vida.

Lendas

Episódio heroico ou sentimental com elemento maravilhoso ou sobre-humano, transmitido e conservado na tradição oral popular, localizável no espaço e no tempo. [...] Muito confundida com o mito, a lenda dele se distancia pela função e confronto. O mito é o duende, o objeto ao redor do qual a lenda se cria.

Câmara Cascudo, *Contos Tradicionais do Brasil*

Faltava entender o que é uma lenda. Mas meu trabalho no Centro da Cultura Judaica colocou-me em contato com as lendas do rei Salomão e eu fiquei absolutamente encantada. São repletas de magia e sabedoria. A lenda tem a capacidade de nos deixar em dúvida, pois, como traz elementos reais, tudo o que é narrado cria uma aura de realidade. Os elementos mágicos da história ficam ainda mais envolventes por acontecerem com pessoas ou lugares que existem ou existiram. O homem agora embaça o olhar e mistura realidade e fantasia, transformando o acontecido em coisas surpreendentes.

Lendas são narrações escritas ou orais, de caráter maravilhoso, nas quais os fatos históricos são deformados pela imaginação popular ou pela imaginação poética. Feitos de heróis, personagens sobrenaturais, fenômenos naturais, vidas de santos, etc. Às lendas atribui-se sempre um fundo de verdade, e elas são contadas por pessoas e transmitidas oralmente através dos tempos. A partir de um dado real, como um personagem que viveu algo fora do comum, cria-se uma história que vai crescendo e ganhando os tons dos contos maravilhosos à medida que é transmitida de boca em boca e transforma-se numa lenda.

As famílias costumam ter suas histórias. Histórias de fantasmas ou feitos extraordinários de alguém conhecido. Minha família tem uma história de fantasma. Meu pai presenciou sua aparição quando criança e contou-nos o episódio. Isso é um "causo". Se essa história for contada e recontada, aumentada e floreada ao longo de muitos anos, pode virar uma lenda.

Existem, ainda, inúmeras outras classificações dos contos: de adivinhação, acumulativos e de sabedoria, entre outras (ver mais algumas possibilidades em Câmara Cascudo[6]). Mas as classificações que exponho aqui são o caldo mais grosso desse imenso universo que são os contos populares.

6 Luís da Câmara Cascudo, *Contos Tradicionais do Brasil*. São Paulo, Global, 1999.

Conto de Autor

Kublai Khan pergunta para Marco Polo: – Quando você retornar ao poente repetirá para sua gente as mesmas histórias que contou para mim? Marco Polo diz: – Eu falo, falo, mas quem me ouve retém somente as palavras que deseja... Quem comanda a narração não é a voz: é o ouvido.

Italo Calvino, As Cidades Invisíveis

Os autores certamente se inspiram nesse universo fabuloso dos contos populares e recriam-no segundo seu estilo e suas vivências.

Quando narramos um conto de autor, temos de nos lembrar de que sua obra não é apenas uma boa história, mas também a forma como essa história está sendo contada. Isso é o que caracteriza um autor: seu estilo.

Quando me aventuro a narrar contos de autores clássicos como Machado de Assis, Clarice Lispector, Marina Colasanti e Lygia Fagundes Telles, procuro reproduzir o texto na íntegra, lendo-o ou decorando-o. São projetos que chamo de Leitura Viva, cuja proposta é essa fidelidade.

Com crianças mais novas, permito-me um pouco mais de liberdade, mas procuro não me afastar do autor. O texto literário é diferente do texto oral. A oralidade pede certa informalidade, um espaço para interagir com o público, por isso procuro mesclar trechos na íntegra com outros mais soltos. Assim, o autor está sempre presente, sem "engessar" minha narração.

Mais uma vez, é o bom senso que vale. Às vezes faço adaptações de histórias mais longas, que não poderiam ser contadas numa apresentação (p. ex., *Reinações de Narizinho*,[7] *De Repente nas*

---

[7] Monteiro Lobato, *Reinações de Narizinho*. São Paulo, Globo, 2012.

Profundezas do Bosque,[8] Quando eu Voltar a Ser Criança).[9] Nesses casos, escolho um foco central da narrativa e faço uma colagem de trechos do livro. Quem tem a chance de estar diariamente na sala de aula pode ler em capítulos o livro inteiro, um trecho a cada dia. Para crianças mais velhas, isso pode ser um momento bem especial do dia. Para as menores, aconselho contar uma história com começo meio e fim, sem deixar nada para o dia seguinte.

---

8 Amós Oz, *De Repente nas Profundezas do Bosque*. São Paulo, Cia. das Letrinhas, 2007.
9 Janusz Corcsak, *Quando Eu Voltar a Ser Criança*. São Paulo, Summus, 1981.

5. Formação de Repertório

Não precisa de nenhuma capacidade
especial, nenhum conhecimento
intelectual específico para entender contos,
pois eles dizem algo sobre o ser humano
que às vezes não sabíamos como formular e
o dizem de maneira bastante simples.

Jette Bonaventure

Que histórias contar?

O primeiro critério que devemos adotar é o de escolher uma história que conhecemos bem. Uma boa forma de começar é relembrar as histórias que ouvíamos na infância e das quais gostávamos. Relembrar as emoções que sentíamos, em que momento isso acontecia, quem contava... Quando partimos dessa nossa experiência como ouvintes, temos mais chance de acertar.

É claro que não podemos deixar de lado dados técnicos como: identificar o público-alvo, sua faixa etária e o ambiente onde a história será contada; tudo isso é importante. É preciso estar atento e tentar perceber o momento de cada um e do grupo como um todo, para escolher a história adequada.

Creio que quem pretende trabalhar com histórias precise gostar de ler. Para gostar de ler, é preciso... ler! Ler, para algumas pessoas, às vezes não é fácil, é árduo. Para gostar, é necessário criar o hábito. Para criar o hábito, aconselho a ler todo dia. É como andar de bicicleta. Na infância, eu passava os domingos com meus primos na casa de meus avós paternos. Andávamos de bicicleta na rua. Quer dizer... meus primos andavam, eu pedalava um "velotrol", um triciclo de plástico, porque tinha medo de andar de bicicleta. Eu e meu irmão somos os mais velhos dentre os primos. Apesar disso, eu não conseguia andar de bicicleta e minhas primas, menores do que eu, sim. Humilhação...

Até que um dia, numa festa de aniversário, havia uma bicicleta pequena e uma rampinha de grama que não era muito íngreme. Achei que estava na hora de quebrar o tabu. Passei a festa inteira descendo aquela rampinha com a bicicleta e tentando me equilibrar. Consegui! No domingo seguinte, quando nos encontramos na casa dos avós, peguei a bicicleta do meu irmão e saí andando (meio desequilibrada, mas consegui). Fiquei feliz de vencer o desafio. No entanto, até que andar de bicicleta se tornasse um prazer demorou um pouco. Tive que cair algumas vezes, ralar os joelhos outras vezes e entortar algumas rodas. Eu penso que ler é a mesma coisa. No começo ralamos o joelho, caímos, vamos conduzindo tropegamente nossa leitura, até que, depois de treinar bastante, começamos a sentir que os olhos deslizam sobre o papel, o vento bate no rosto e o passeio fica suave, gostoso e cheio de surpresas. Criei um livro chamado *Pedalando, Pedalendo, Pedalindo*, com o ilustrador Ivo Minkovicius, pela editora Rolimã, em que traço esse paralelo para crianças que estão em fase de alfabetização.

É um processo. Pode-se começar lendo livros de piada, de receitas; contos populares são deliciosos. Eu acredito que chegará o momento em que não conseguirá mais ficar sem ler. Não saio sem um livro na bolsa. Em cada intervalo do dia, no consultório do médico, no metrô, no ônibus, vou lendo um pouquinho. Quando você percebe, já leu uma porção de livros. Não existe mágica.

É necessário que haja material suficiente para fazer escolhas; portanto, ler muitas histórias, de vários tipos e origens é uma ótima maneira de começar a ampliar seu repertório de opções. Nem todas vão reverberar, e você terá de eleger aquelas que te encantarem. O primeiro critério que gosto de recomendar para orientar uma escolha é: histórias que te cativem, que você tenha desejo de contar. Se não tiver desejo de compartilhar uma narrativa, meu conselho é que não se aventure por ela. A chance de sair uma narração técnica, sem emoção e sem entusiasmo, é grande.

Primeiro, você precisa ter para quem contar, e seu repertório será montado a partir dessa demanda. Professores têm plateia cativa todos os dias. Isso é ótimo, pois eles já conhecem seu público, seus gostos, seu nível de compreensão e abstração. Por outro lado, é a mesma plateia. Isso faz com que precisem estar sempre se renovando.

Quem trabalha com crianças menores pode até se repetir, porque os pequenos adoram repetição, mas não deve se acomodar.

Já os contadores de histórias podem contar a mesma história várias vezes seguidas, porque vão mudando de plateia. Essa possibilidade de repetir a mesma história várias vezes, para públicos distintos, é muito importante. É a melhor maneira de se apropriar da narrativa. Ao final de algumas repetições, já conseguimos nos divertir com o enredo e vamos encontrando um ritmo gostoso de contar. Uma sugestão para os professores é fazer um intercâmbio de histórias, repetindo a sua em outras classes.

Professores têm algumas vezes a questão do "conteúdo a ser desdobrado". Se você escolher uma história somente por este critério: porque ela trata de sustentabilidade, de companheirismo, de como ser gentil..., quando for contá-la, sua narração correrá o risco de ser tão técnica quanto o critério usado para escolhê-la. A não ser que a história tenha um conteúdo interessante, seja maravilhosa e, além disso, você tenha gostado dela. Isso me parece ótimo.

Depois de algum tempo contando histórias, e conhecendo melhor o perfil do público com o qual estamos trabalhando, vamos percebendo que não somos nós que escolhemos a história, é ela que nos escolhe. Eu acho interessante que esse canal de comunicação entre nossas sensações, intuições e as narrativas esteja sempre aberto, para que possamos ser surpreendidos por essa escolha.

Às vezes, sentimos a tentação de arrumar a história para ela não ficar tão cruel, para mostrar à criança a maneira correta de fazer as coisas. Quando, penso eu, o mais interessante é você contar a história do jeito que ela é e promover a discussão. Porque a vida não é assim arrumadinha. Como diria Guimarães Rosa, "viver é muito perigoso".

Cada um que ouve uma história pode interpretá-la ou aproveitar dela aquilo com que se identifica, aquilo que lhe diz respeito.

Recomendo que escolha livros de bons autores para partir de um texto bem escrito. Às vezes, encontramos livros lindos, mas com texto pífio. Procure menos estética, mais conteúdo. Quando a publicação une as duas coisas é ótimo! Veja se as ilustrações não são redundantes, óbvias, ou se ajudam a completar a narrativa de um jeito criativo e inteligente. No final deste livro, dou uma relação de sites e livros onde você encontrará vasto material de consulta.

6. O Estudo da História

Estudar a história previamente proporcionará, no momento de contá-la, segurança, tranquilidade e naturalidade. Além do que, se errarmos, nos perdermos em algum trecho, saberemos sair do enrosco com facilidade. Ter a história clara na mente nos permite fazer interferências e formar imagens rápidas em torno de detalhes soltos e imprescindíveis à estética e à visualização.

Jonas Ribeiro

Quando decidimos contar uma história, temos que estar dispostos a estudá-la e repeti-la inúmeras vezes. Só podemos contar uma história que conhecemos muito bem. Mesmo que você vá lê-la, é importante fazer isso algumas vezes antes, sozinho e em voz alta, para criar uma dinâmica para sua narrativa. Explorar o texto, criar o suspense, dar chance ao humor. Criar nuances de voz para os personagens (se você gostar desse recurso e souber usá-lo), fazer pausas, acelerar num momento de correria ou perseguição, relaxar num instante de repouso; enfim, criar a partitura da sua história.

É muito importante visualizar o que se está narrando. Se você não estiver "vendo o cineminha", é pouco provável que alguém da plateia o veja. Por isso, ao contar histórias, fale mais devagar do que de costume, para dar tempo de todos criarem suas imagens. Porém, é preciso ficar atento para que o enredo não fique lento demais, nem arrastado. Tenha calma e ritmo. Hassane Kouyaté diz que é como conduzir uma carroça com dois cavalos: um é responsável por chegar ao fim da jornada e o outro, pelos devaneios, por olhar a graminha na beira do caminho, por sentir o cheiro do orvalho, por ouvir o canto dos pássaros. Deve haver uma harmonia entre os dois[10] (informação verbal). É preciso:

- Estudar o enredo, a estrutura fixa e a sequência de ações – o esqueleto.
- Estudar a estrutura moldável, os detalhes – os músculos, a pele, o sangue (Matos, 2005, p. 18).
- Explorar as melhores maneiras de contar a história. Se a narração é feita com segurança, a história por si só é suficiente para prender a atenção da plateia.

---

10 Informação fornecida por Hassane Kouyaté, no evento Boca do Céu, realizado na Oficina Cultural Oswald de Andrade, em São Paulo (SP), em 2012.

Quando vamos contar uma história, precisamos entender do que se trata e sua estrutura narrativa. É importante identificar a reflexão que a história propõe e as etapas em que se constrói essa narrativa. Muitos pesquisadores identificaram algumas estruturas que são recorrentes entre os contos populares. A mais conhecida é a Jornada do Herói, apresentada pelo antropólogo Joseph Campbell.

O roteirista Christopher Vogler pesquisou Campbell e Vladmir Propp, linguista russo, e o resultado dessa pesquisa é seu livro *A Jornada do Escritor*. Ele retoma detalhadamente a teoria da Jornada do Herói, exemplificando-a com histórias de filmes e livros. É interessante ter contato com essa estrutura, pois a partir dela podemos entender as etapas de uma narrativa. Nem todas, é claro, têm esse mesmo arcabouço, mas ele pode servir de parâmetro para entendermos outras possibilidades de organização de uma história.

Vamos lá: a história começa numa situação comum, rotineira, apresentando os personagens, até que algum fato chama atenção, muda aquela realidade e faz o herói da aventura sair da rotina em busca da solução desse problema, desse nó que se criou (a princesa fica doente, e o rei oferece sua mão a quem for capaz de curá-la). O herói sai em busca da cura da princesa, e as etapas de sua jornada são o que ele passará para cumprir sua tarefa: perigos, peripécias e os vilões pelo caminho. No fim, o herói consegue e volta com a solução. Em algumas histórias, ele encontra a solução, mas não volta ao mundo comum: segue seu caminho ou se casa. Em geral, as princesas saem e nunca mais voltam ao castelo. Elas vivem uma jornada de aprendizagem. Veja, a seguir, o esquema da Jornada do Herói adaptado por Christopher Vogler:

Primeiro Ato – Apresentação

Passo 1 – Mundo comum. O herói é apresentado em seu dia a dia.

Passo 2 – Chamado à aventura. A rotina do herói é quebrada por algo inesperado, insólito ou incomum. Algo que precisa ser solucionado.

Passo 3 – Recusa ao chamado. Como já diz o próprio nome da etapa, o herói não quer se envolver e reluta em assumir a missão.

Passo 4 – Encontro com o mentor. Este pode ser alguém mais experiente ou uma situação que force o herói a tomar uma decisão, ofereça um objeto mágico ou conselho.

Passo 5 – Travessia do umbral/limiar. Nessa fase, o herói adentra um novo mundo. Um mundo oculto. Sua decisão pode ter vários motivos; entre eles, algo que o obrigue, mesmo que não seja essa sua opção.

Segundo Ato – Conflito

Passo 6 – Testes, aliados e inimigos. A maior parte da história desenvolve-se nesta etapa. No mundo especial – fora de seu ambiente normal –, o herói passará por testes, receberá ajuda (esperada ou inesperada) de aliados e terá que enfrentar inimigos.

Passo 7 – Aproximação da caverna oculta. O herói aproxima--se do objetivo de sua missão: o encontro com o inimigo. O nível de tensão aumenta e tudo fica indefinido.

Passo 8 – Provação máxima. É o auge da crise. O embate com o vilão.

Passo 9 – A recompensa. Passada a provação máxima, o herói conquista a recompensa.

Terceiro Ato – Resolução

Passo 10 – Caminho de volta. É a parte mais curta da história; em algumas, nem sequer existe. Depois de atingir seu objetivo, ele retorna ao mundo anterior.

Passo 11 – Ressurreição. Aqui, o herói pode ter de superar algum golpe que foi quase fatal e é revivido por poderes mágicos. Pode ser também uma ressurreição interna, psicológica.

Passo 12 – Retorno com o elixir. É a finalização da história: o herói volta ao seu mundo trazendo aquilo que foi buscar, mas ele está transformado – já não é mais o mesmo.

Recomendo um exercício interessante: pensar sua história pessoal e tentar encaixá-la nessa estrutura da jornada do herói. Pode ser que você não cumpra todas as etapas, mas certamente se identificará em algumas. Nossa história é composta de pequenas jornadas que, no fim, perfazem a grande jornada da nossa vida.

A jornada ajuda-nos a ver uma estrutura genérica que se repete com frequência, mas não é a única possível – é importante estudar a estrutura específica de cada história. Faço isso da mesma forma que sempre fiz com os textos teatrais: divido o texto em unidades de ação. O que é isso? São as etapas da história, as etapas do roteiro – quando uma ideia termina e outra começa. Há um exemplo na história a seguir, em que é fácil identificar o começo e o fim de uma ideia. (Às vezes, essa identificação não é tão fácil; é um pouco pessoal, também.) O importante é entender a estrutura do texto.

Depois de fazer essa divisão, enumero as unidades de ação e ordeno-as uma embaixo da outra. Assim, tenho meu roteiro, a partir do qual estudo para contar a história oralmente. Esse estudo serve para mentalizar a estrutura da narrativa. Facilita o entendimento de todas as suas reviravoltas e a trajetória de cada personagem. Ajuda muito na memorização.

Uma vez entendida a estrutura, começa o trabalho de dar a sua cor, a sua cara para a história. É o que Jonas Ribeiro chama de "estrutura moldável", os detalhes, e Gislayne Matos chama de músculos, a pele, o sangue. É o momento de colocar sua personalidade. Nesta etapa é interessante contar a história algumas vezes em voz alta para encontrar a "sua pegada". Perceber onde você quer explorar mais as imagens, onde quer criar um toque de humor, o tom que quer dar à narrativa. Aqui é onde cada um vai se diferenciar e imprimir seu estilo. Esse trabalho não é concluído nos ensaios. Ele vai se configurando à medida que contamos a história para diferentes públicos. Ela vai ganhando forma e, muitas vezes, a intuição age fortemente nesse momento. Quando estamos diante da plateia, acabamos criando coisas que nem imaginávamos. Por isso, acho interessante depois de uma narração fazer uma avaliação de como foi a performance e registrar as coisas que foram surpreendentes e que funcionaram para repeti-las numa próxima vez. Sabendo que nem sempre o que deu certo com um público vai dar certo com outro.

Por último, vem a exploração das melhores maneiras de contar a história. Se a narração é feita com segurança, a história por si só é suficiente para manter a atenção da plateia. Às vezes, porém, queremos dar um charme a mais, colocar algum objeto, uma canção, um som, tecidos. Lembrando que nenhum recurso externo salva uma história mal estudada. Pelo contrário, às vezes atrapalha mais ainda, pois se torna algo mais a ensaiar e exigir nossa atenção. Se a narrativa estiver insegura, provavelmente o uso do recurso também não estará apropriado e isso vai se revelar facilmente para o público.

Contar com o Livro

Todo texto literário é uma partitura musical. As palavras são as notas. Se aquele que lê é um artista, se ele domina a técnica, se ele surfa sobre as palavras, se ele está possuído pelo texto – a beleza acontece. E o texto se apossa do corpo de quem ouve. Ler é fazer amor com as palavras.

Rubem Alves, *Por uma Educação Romântica*

Se escolhi um *bom livro* e resolvi lê-lo, isso é meio caminho andado no quesito da qualidade de texto. Ele está definido, e só tenho que transmiti-lo de forma envolvente e clara. Leia antes a história em voz alta, ouça sua voz narrando-a e brinque com ela.

Quando leio para crianças, não acho interessante ficar lendo um trecho e virando o livro para mostrar as figuras. Acho que a história fica lenta, sem ritmo, e a apreciação das figuras é muito rápida. As crianças não têm tempo de apreciar as imagens com refinamento ou de ver detalhes de que não nos damos conta – como frequentemente fazem. Além disso, a história fica entrecortada.

Acho mais prazeroso contar a história com o livro virado para o público o tempo todo e lê-lo de lado ou por cima, olhando o texto de cabeça para baixo. Posso também não mostrar as figuras, prometendo mostrá-las após a narração, para as crianças não ficarem inquietas para ver as imagens. Assim, ao final da leitura, posso retomar a narrativa com a criançada a partir da apresentação das imagens. É uma boa maneira de medir como a história chegou até elas.

Contar "de Boca"

[...] mas por isso mesmo é que as histórias são contadas por alguém, que se incumbe de preencher as lacunas e divulgar o escondido.
Machado de Assis, *Dona Benedita – Um Retrato. Seus Trinta Melhores Contos*

Se quiser contar de boca, você terá que se preocupar com a escolha das palavras. É importante partir de uma boa versão da história, de um texto bem escrito. Assim, quando estivermos inseguros em relação à nossa construção verbal, é só ver o original. Procure diversificar o vocabulário, não seja repetitivo; preocupe-se também com a formulação das frases. Cuide das concordâncias. Às vezes, no começo, tendemos a adjetivar demais. Não é preciso atribuir uma qualidade a cada coisa que aparece na história. Mas, quando quiser dar alguma característica, procure variar as palavras. Para isso, é preciso estudar, pois as palavras, em geral, não ocorrem quando estamos diante do público se não forem trabalhadas previamente.

Contar de boca requer um pouco mais de dedicação. É necessário ensaiar e repetir algumas vezes para ter segurança no texto. Cuidar para não se apoiar em repetidos marcadores conversacionais como "né", "aí", "tipo assim", "então". Todo mundo tem sua bengala. Ela aparece quando estamos menos seguros e menos concentrados. É o tempo de a cabeça pensar. Temos que ficar atentos a isso para a narrativa ganhar fluidez. É importante ter alguma atração pelo texto que estamos dizendo. Ele deve ter sabor, deve seduzir seu público.

No momento em que você está contando a história, o público tem de ter a impressão de que você presenciou tudo aquilo que está narrando. Memorizar e ensaiar é um trabalho, às vezes, desgastante, mas vale a pena. Você sente o resultado quando está contando uma história que domina. E, uma vez estudada, ela dará menos trabalho a cada vez que tiver de retomá-la para contá-la novamente.

Mediar

Mediar é estar disponível para fazer a ponte entre o livro e o leitor. Disponibilizar uma série de livros e deixar que cada um escolha aquele que quer. Se alguém lhe pedir que conte uma história, conte-a para ele; se outros se chegarem, ótimo. Se não, cada um poderá viajar na história que elegeu. A criança pode querer contar para você a história. Deixe-a contar e ouça. Às vezes, elas contam igualzinho a você, imitando suas pausas e seus trejeitos; às vezes, inventam outras histórias a partir das figuras de um livro.

7. Recursos Pessoais

> Os contos são iniciáticos, pois nos abrem as portas do mistério que é nosso próprio ser interior e nos guiam no caminho da busca para a realização plena.
>
> *Gislayne Avelar Matos*

Quem é Você, Contador?

É você quem vai contar, portanto seja você mesmo. Não tente fazer algo que o deixe constrangido. Procure contar do jeito que se sinta mais confortável. Se for tímido, provavelmente fala um pouco baixo; então, aproxime o público, faça uma apresentação mais aconchegante, do tamanho da sua voz e da sua energia. Se for engraçado, divertido, piadista, escolha histórias cômicas, que o deixem à vontade com seu humor. Por isso é que recomendo contar a mesma história várias vezes. Assim, você se apodera dela e pode ficar atento não mais ao texto e sim a você mesmo, à forma como está contando. Perceber sua voz, seu corpo, sua relação com o público...

Texto (voz e respiração), linguagem corporal e o olhar são aspectos aos quais o contador de histórias deve prestar atenção no momento de narrar. Devemos ter consciência de como estamos usando nosso corpo para contar uma história, pois assim podemos usá-lo a nosso favor.

Vou repetir que, quando contamos histórias, é preciso visualizar o que acontece. Se você não vir o filme dentro de sua cabeça, ninguém vai ver. É claro que cada um verá um filme diferente do seu. Para que todos possam visualizar os acontecimentos, é preciso narrar mais devagar que a velocidade da fala coloquial. Seja para adulto, seja para criança. Temos que dar tempo para a imaginação construir os cenários, os personagens, os sons, os cheiros... Cuide para não ficar nem monótono nem rápido demais. É preciso encontrar a cadência.

Antes de qualquer coisa, aqueça sua voz para não machucá-la na empolgação da narrativa. Recorra sempre a uma fonoaudióloga quando sentir desconforto vocal. Uma voz "maltratada" muito seguidamente pode gerar problemas sérios. Hidrate-a constantemente. Cuide bem dela!

Respiração

Ela é que dá ritmo à sua narrativa. Às vezes, esquecemos que respiramos, porque não precisamos pensar na respiração para que ela aconteça. Mas é importante retomarmos contato com a forma como respiramos.

Algumas atividades propiciam isso: natação, ioga, canto... Se controlamos nossa respiração, temos mais domínio sobre a emissão vocal. Se eu controlo a coluna de ar que faz vibrar minhas cordas vocais, consigo ter mais qualidade no som que é emitido.

É importante conhecer alguns exercícios que ajudem a aquecer a voz para ela ficar preparada para sua narração. Recomendo que peça uma rotina de exercícios vocais a um fonoaudiólogo para ser feita antes das apresentações. Essa série de exercícios vai preparar sua voz e também ajudar na sua concentração para a atividade.

Linguagem Corporal

É a atitude de estar presente por inteiro. O corpo tem de estar em sintonia direta com a história que se está narrando. Componha uma partitura corporal de acordo com seu modo de ser. Não é preciso fazer uma coreografia para contar uma história, desenhar cada gesto. Mas é preciso ter consciência de seu corpo. Não podemos ser uma cabeça falante, precisamos ser uma pessoa inteira. Às vezes, apenas um gesto num determinado momento pode ser tudo de que se precisa. Mantenha seu corpo vivo. Espreguice, alongue-se, boceje antes de começar.

Fique atento ao ponto onde se localiza sua tensão. É lá que o gesto vai ficar duro, contido, reprimindo uma energia que deveria estar circulando pelo corpo todo. Uma mão que fica na cintura porque não sabe para onde ir, um pé que fica virado, ou apoiado pela metade no chão, deixando você sem base. Para os iniciantes, recomendo uma cadeira de braços para as primeiras investidas como contador. Ela te dará continente e lugar para apoiar os braços e descansá-los.

Preste atenção para não ficar andando de um lado para outro e deixar seu público como se estivesse vendo uma partida de tênis. Desloque-se com precisão, focando o ponto para onde está indo.

Evite gestos óbvios, redundantes ao texto que esteja narrando. Todo mundo sabe o que é uma casa, não precisa fazer o telhadinho com as mãos, pôr a mão na barriga para dizer que o personagem está com fome ou coisas assim.

É preciso ter consciência corporal. Saber o que está acontecendo com o seu corpo. Não perder contato com ele.

Olhar

Esteja atento aos seus ouvintes. Não os perca de vista! O contador de histórias é diferente do ator. Quando está atuando, o ator tem refletores iluminando-lhe o rosto. Por isso, não vê ninguém. Há, como chamamos, uma quarta parede entre ele e o público. Em geral, conseguimos ver no máximo até a segunda fila. Quando contamos histórias, é diferente. É preciso ver seu público. É preciso "varrer" a plateia com o olhar. Quando olhamos, é como se estivéssemos trazendo cada um para o nosso colo. Fisicamente, isso não é possível, mas, com o olhar, conseguimos acalentar todo mundo. Rubem Alves afirma: "Trate de prestar atenção no seu olhar... O olhar tem o poder para despertar e para intimidar a inteligência. O olhar é um poder bruxo!", e eu concordo inteiramente com ele.

Quando o público estiver sentado em roda para ouvir histórias, não se esqueça das crianças que estão imediatamente ao seu lado. Olhe de vez em quando para elas também, pois temos a tendência de ficar olhando para quem está mais à nossa frente.

A Partitura da Fala

Uso conceitos musicais na voz falada. Venho do teatro musical e, naturalmente, acabei incorporando a musicalidade à minha fala para dar um colorido ao texto, para que não fique monocórdio.

Ritmo

O ritmo da fala: eu posso acelerar e desacelerar. Acelerar quando se trata de uma perseguição ou quando alguma coisa importante vai acontecer ou, ainda, quando estamos chegando ao final ou... ou... ou... Posso deixar mais lento quando há uma cena de amor ou de tensão, ou... ou... ou... Posso ainda criar um pulso constante para o meu texto quando quero mostrar um trabalho repetitivo, ou uma rotina, ou um feitiço. Bem usado num momento específico, isso pode ser interessante.

Dinâmica

É o botão do volume. Podemos usar o cochicho numa cena de medo ou elevar a voz numa proclamação do rei. Explorar as várias alturas de voz.

Pausa

O silêncio permite que o ouvinte tenha tempo de construir suas imagens calmamente, que ele saboreie as palavras. "O silêncio confere eco às palavras, faz com que vibrem, repercutam"[11]. Pausas diferentes deverão ser usadas para gêneros diferentes. Sem pressa

---

11 Jonas Ribeiro, *Ouvidos Dourados – a Arte de Ouvir as Histórias (...para Depois Contá-las...)*. São Paulo, Mundo Mirim, 2008.

de chegar ao final. Por exemplo, quando o contador quer fazer um suspense sobre o que virá a seguir ou quando fez uma descrição longa e dá esse tempo para que o público visualize o que foi dito.

Tessitura

Nascemos com uma voz que é capaz de se expressar dentro de determinado espectro sonoro, entre o som mais agudo e o mais grave que podemos emitir com conforto. Esse intervalo é que é nossa tessitura. Na escala cromática, as mulheres podem ser soprano, mezzosoprano ou contralto; os homens podem ser tenores, barítonos ou baixos. Se conhecemos nossa voz, podemos exercitá-la e expandir a tessitura. Assim, posso usar a região mais grave da minha tessitura para fazer a voz do rei e a mais aguda para as vozes das princesas, fadas e crianças. A região média pode ficar reservada ao narrador. Conhecendo a nossa tessitura, brincamos com a voz de um jeito confortável e, por isso, sem muitos prejuízos para nossa saúde vocal.

Timbre

Uso de variações sobre a nossa voz, saindo da região de conforto da tessitura e buscando outras formas de emitir o som: mais fanhoso, mais rouco, bem agudinho, como uma formiguinha, bem ardido e rascante como a voz de uma bruxa. Se você se sentir à vontade, trabalhe com diferentes vozes. Lembre-se de que, se propõe uma voz para um personagem no início, deve mantê-la até o final da narrativa.

O uso de diferentes timbres pode ser muito interessante, mas também perigoso para a voz. Se você não tiver técnica suficiente para sustentar a brincadeira que propôs, pode machucar as cordas vocais. Além disso, corre o risco de a apresentação ficar um tanto estereotipada ou caricata, "infantiloide" até, e confundir o entendimento da narrativa.

    É preciso ter bom gosto e bom senso. Cada novo elemento que colocamos na história deve ser ensaiado. Esse é um recurso que recomendo usar com muito cuidado e critério.

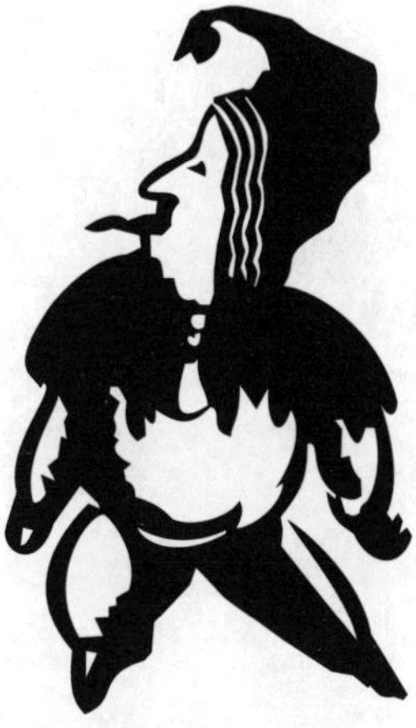

8. Como Preparar-se

Só podemos contar aquilo que sabemos e, consequentemente, aquilo sobre cujos acontecimentos temos um relativo domínio, uma certa familiaridade. Se não procurar saber mais dos medos, dúvidas, fraquezas, desejos e sentimentos dos personagens, que tipo de emoção eu vou conseguir produzir com minha narração?

Jonas Ribeiro

Agora que vimos o passo a passo, vamos resumir aqui as etapas de preparação para uma apresentação de narração de histórias:

- Prepare sua sessão de narração com cuidado: pense num roteiro coerente. Quando escolher as histórias, pense na curva da apresentação: início, clímax e final. Entre uma narração e outra, dê um espaço para haver tempo de "sedimentação" da ideia da história anterior para, então, começar a outra. Use parlendas, adivinhas, canções, conversas, para criar essa ponte entre as histórias.
- Estude as histórias com atenção até se sentir seguro.
- Observe o espaço: qual o melhor local para você se posicionar em relação ao público? Cuidado para não ficar na contraluz, senão o público não verá seu rosto direito. Verifique se atrás de você não há informações demais coladas na parede: desenhos, imagens, luzes, enfim, coisas que possam desviar a atenção. Organize as coisas de forma estética. Crie um espaço aconchegante.
- Aqueça a voz. Tenha uma rotina de aquecimento. Sua voz é seu material de trabalho.
- Alongue-se, espreguice, boceje.
- Faça um ritual de início da sessão para conduzir o público a se acalmar e prestar atenção. Pode ser uma canção, acender uma vela, fazer um jogo de palavras com o público... Invente seu jeito, concentre-se e...
- DIVIRTA-SE!

9. Minhas Experiências

Neste capítulo, narro algumas de minhas experiências em ambientes aos quais tive a oportunidade de voltar muitas vezes e, assim, construir um trabalho mais aprofundado. Contei histórias com regularidade: no InCor (Instituto do Coração do Hospital das Clínicas da Faculdade de Medicina da Universidade de São Paulo) e no Graacc (Grupo de Apoio ao Adolescente e à Criança com Câncer), entre 2004 e 2005, por meio da Associação Arte Despertar; depois, atuei no Hospital das Clínicas em outras duas ocasiões, voluntariamente, com idosos e com crianças na neurologia infantil; no Centro da Cultura Judaica desde 2005 até 2014; e na AACD (Associação de Assistência à Criança Deficiente), entre 2010 e 2011.

Mas vou começar contando uma história particular, de um pequeno amigo.

Meu Amigo Miguel[12]

Miguel, 3 anos, morre de medo de gente fantasiada, mascarada ou maquiada. Na primeira vez que me viu, quando eu ia contar histórias – eu estava de figurino (um vestido comprido, mas sem maquiagem), e meu parceiro com uma barba de barbante –, ele saiu aos prantos e nunca mais quis ir me assistir. Somos vizinhos e sempre nos encontramos na rua. Miguel, quando me via, saía correndo de medo. Fui inventando conversas que podiam interessá-lo, ele foi relaxando e aos poucos conseguiu conversar comigo. Na festa de aniversário dele, que foi na casa da avó, quando me despedi, eu disse: vamos nos ver na nossa rua. Firmei uma parceria.

Fui à escola dele contar histórias de lobo. Era agora ou nunca. Ou ele me odiaria para sempre ou descobriria como pode ser gostoso

---

12 Troquei o nome para preservar a privacidade da criança.

ouvir histórias para enfrentar o medo. Todas as crianças entraram. Sala cheia! Mais de cem. Cadê o Miguel? Estava chorando no colo da professora, com medo do que poderia acontecer, do que ele ainda nem tinha visto. Eu usava saia colorida e quase nenhuma maquiagem. Quando comecei a apresentação, ele continuava chorando no colo da professora. Eram três histórias de lobo. Três chances... Ele começou a se descolar dela, sentou ao lado no chão e pouco a pouco foi adentrando no meio de seus companheiros. Dei uma piscadinha de leve, sem chamar muita atenção para não assustá-lo. Quando acabou, fui procurá-lo no pátio. A professora me contou que ele achou que vinha um lobo de verdade. Quando nos vimos na saída, falei que estava orgulhosa por ele ter enfrentado o lobo mau numa boa. Ele inflou o peito e sorriu tímido para mim, num suspiro profundo. Foi uma grande conquista!

Histórias em Hospitais

Trabalhei contando histórias em hospitais por três ocasiões: entre 2004 e 2005 pela Associação Arte Despertar, atuando no InCor e no Graacc; depois, em 2006 no Hospital das Clínicas de São Paulo, mais especificamente na Unapes (Universidade Aberta para Envelhecimento Saudável), um projeto criado por médicos e assistentes sociais do hospital com atividades ministradas por voluntários que capacitavam idosos (não eram pacientes do hospital) a desenvolverem algumas habilidades. Eu lhes contava histórias e os ensinava a contá-las. Numa terceira ocasião, em 2010, também no HC, fiz um voluntariado na enfermaria de neurologia infantil.

Cada uma dessas experiências propiciou-me um aprendizado de vida fantástico e, embora houvesse momentos difíceis, sofridos, havia também muita força de vida, solidariedade, cumplicidade e, claro, diversão.

A experiência com os idosos gerou um livro com histórias que eles conheciam e que lembravam de suas infâncias e histórias vividas por eles, episódios de suas vidas dignos de serem narrados. Foi um processo de seis meses, e tenho certeza de que, para muitos, foi extremamente transformador. A maioria passou a ler mais e contar mais histórias para filhos e netos. Uma senhora virou voluntária contando histórias no Poupatempo.

Com os pacientes internados – crianças e adultos –, a atuação era mais particular, individualizada. Atuei com a Karin Pati, pedagoga, contadora de histórias e grande parceira de trabalho. Às vezes, reuníamos as crianças na enfermaria para atividades coletivas; outras vezes, atuávamos nos quartos e na UTI em atendimentos personalizados. Sempre era surpreendente. Talvez essa experiência tenha sido decisiva para eu entender o trabalho do contador de histórias e diferenciá-lo do trabalho do ator. Nesse ambiente não cabem interpretações grandiloquentes, nem figurinos nem adereços em excesso, pois atuava andando pelos corredores e levava comigo apenas meu violão.

Essa conversa ao pé do ouvido me deixava mais desarmada e espontânea. Fui aprendendo a escutar mais, a acreditar na palavra, a confiar que a história dá conta de criar interesse e vínculo. Aprendi também a lidar com a frustração, pois muitas vezes o que planejávamos fazer não servia para aquele momento e tínhamos que propor outra coisa. Fui aprendendo a ter cartas na manga, a levar opções, coisas curtas e pontuais. Fui entendendo que todos no hospital devem ser acolhidos pelas histórias, músicas e poesias: pacientes, acompanhantes, enfermeiros, médicos, atendentes, ascensoristas, seguranças, etc. Fomos descobrindo espaços de atuação e como agir em cada um deles. Vivenciamos momentos dialéticos: despedidas felizes, quando os pacientes iam para casa. Sabíamos que não os veríamos mais e ficávamos muito alegres com isso. Mas a grande aprendizagem de atuar em hospitais é saber lidar com as perdas, com a morte. Encará-la, reconhecê-la e integrá-la à nossa vida, pois ela é parte da nossa existência.

Relato aqui alguns episódios vividos para ilustrar essa experiência, sabendo que eles podem servir de inspiração, mas nunca como receita, porque atuar em hospitais é sempre uma surpresa e não existe uma regra, uma fórmula de ação. O importante é estar disponível, atento, com um bom repertório preparado, muita coragem e dedicação. Os nomes das crianças das histórias foram alterados para preservar a identidade dos pacientes.

Fizemos algumas vezes alguns jogos simbólicos e neles apareciam os medos e anseios dos pequenos. Brincamos de passear pela floresta, andar de navio e entrar na barriga do jacaré. Experiências intensas. Tanto as crianças como nós ficamos mobilizadas com a fantasia que se instalou naqueles dias no hospital. Navegamos por mares e enfrentamos piratas, fizemos acampamentos e muito mais! Ao jogarmos simbolicamente no hospital, garantimos um momento de criação poética e um esvaziamento da realidade difícil que é estar hospitalizado. Por duas horas, as crianças embarcavam no espaço da imaginação para outros lugares. E é esse também o papel da história.

Havia paciente novo: um garotinho de 4 anos no leito, muito inquieto, aflito. Não quis me dizer o nome. A mãe estava muito tensa, nem olhou para nós. Conversei um pouquinho com os dois e fui contar histórias para o grupo que estava na enfermaria brincando. Na hora de ir embora passei para me despedir da mãe e do menino, e ela falou: "o nome dele é Fábio". No próximo encontro a recepção foi outra, tanto da mãe quanto do pequeno. Ele estava mais bem disposto, embora ainda estivesse com cateteres, sem poder sair do leito. Resolvemos fazer nossas atividades em torno dele. Contei a história *O Saco*.¹³ Ao final dela, tiro um sapinho de pano de um saco. Quando o bicho apareceu no final, foi muito gostoso ver o sorriso de todos. Cantamos uma embolada ao som do pandeiro e brincamos de esconder e procurar o sapo. Fábio, que não podia sair da cama, ficou encarregado de dizer se estava "quente" ou "frio" para os que estavam procurando. A partir desse dia, fui recebida com muitos abraços e alegria, e Fábio sempre pedia a história do sapo e queria cantar a embolada. A mãe dele ficou mais receptiva e tranquila ao ver o filho feliz e animado.

Conheci figuras extraordinárias como uma senhora de 69 anos, com um astral maravilhoso. Amiga de todos e animadíssima para o que desse e viesse. Encontramo-nos algumas vezes e já tínhamos um repertório definido ("Beijinho Doce", "Chalana", "Menino da Porteira"...). Ela se recuperou muito bem e foi para casa, firme e forte. Comprovando mais uma vez que, além do tratamento adequado e dos cuidados médicos, uma energia positiva é o que vale quando estamos fragilizados.

Alberto, de 4 anos, divertiu-se demais com a brincadeira do chapéu ("O meu chapéu tem três pontas"). Apesar de meio calado, ele encontrou particularmente muita graça em quebrar a regra da brincadeira, falando a palavra chapéu quando não podia. A cada vez que isso ocorria, soltava deliciosas gargalhadas. Todos nós começamos a rir com sua risada. Foi um momento de extrema descontração. Uma semana se passou. Alberto foi operado e não estava bem. Aproximei--me de seu leito. Ele não falava nada, os olhinhos tristes. Lembramo--nos do quanto ele havia se envolvido na tal brincadeira e toquei a música no violão. Naquela hora, com esforço, um sorriso apareceu em sua boquinha, trazido pela lembrança do momento alegre vivido antes e, em seguida, o comentário: "Mãe, eu não quero ficar aqui!".

13 *O Saco*, Ivan e Marcelo.

Que bom poder lembrar que existe o lugar da alegria e sentir o desejo de voltar para lá!

João, de 4 anos, surpreendeu-nos com uma de suas frases. Um dia, combinamos que passaríamos na enfermaria depois de atender os adultos nos quartos, mas demoramos muito e deu tempo apenas de cantarmos duas músicas. Pedimos desculpas para ele dizendo: "Desculpe-nos, hoje tinha muita gente precisando de nós, por isso demoramos". Ele contra-argumentou: "Eu também preciso de vocês!".

Tivemos um momento muito mágico e especial na enfermaria quando fizemos "uma viagem de avião". Levamos um tecido lilás e colocamos todos em cadeirinhas enfileiradas, propondo a brincadeira. Foi maravilhoso como todos se deixaram levar pela imaginação: viram as nuvens cor-de-rosa com gosto de algodão-doce, nadaram no mar e fizeram castelos de areia. No meio da brincadeira, um deles pisou no local onde uma criança tinha feito seu castelo de areia imaginário e ela, na hora, falou meio indignada: "Você pisou no meu castelo!".

E nós rapidamente brincamos de "fazer outro" e, pronto, estava tudo resolvido. Foi divertidíssimo! Saímos *mesmo* do hospital.

Certa vez, levamos lençol e abajur e propusemos a brincadeira do teatro de sombras. Foi encantador! Comentei com as crianças, enquanto montava: "Será que vai dar certo? A gente não testou antes…". E Anita, de aproximadamente 4 anos, comentou com ar matreiro e cheio de excitação: "Eu acho que vai dar certo!". Recortamos algumas silhuetas e contamos uma história. Depois propusemos que as crianças contassem uma. Finalizamos com uma apresentação para as mães. Foi um momento de muita curtição. As mães vieram querer saber como se fazia a sombra, interessadas em reproduzir a brincadeira depois. Nesse dia tivemos a experiência de como uma boa brincadeira pode ser o melhor remédio. Roberto, de uns 3 anos estava muito acuado. Não fazia xixi desde cedo. No início da atividade, ficou ressabiado. Resolvemos colocar seu nome no protagonista da história, e ele começou a se envolver a partir daí. No meio da brincadeira, foi ao banheiro várias vezes fazer xixi. Os médicos já estavam pensando em colocar uma sonda nele, mas a história deu conta do recado.

Tínhamos sempre uma boa participação dos acompanhantes. Nossa abordagem era bem variada: livro, "história de boca", vinhetas musicais, parlendas, brincadeiras. Ensinávamos canções folclóricas. Apurávamos com eles o jeito que cada região do país tinha de cantá-la, aproveitando que cada um vinha de um lugar diferente. Fizemos um apanhado de trovas populares, cantigas e parlendas. Cada um contava como era no seu Estado, propiciando uma troca de saberes.

Trabalhar na quimioteca sempre foi muito difícil. Era um espaço bastante disperso, com crianças e jovens juntos. Resolvemos levar *haikais* para os jovens e tivemos algumas gratas surpresas, como a produção de alguns feitos por acompanhantes e pacientes.

"Eu gosto muito de viver / Vou deixar muita saudade / Quando Deus me levar /

Nos lugares onde passei"

(Um senhor, acompanhante, de aproximadamente 60 anos)

"Eu estou cansada /
Me dá licença /
Que agora eu /
Vou sair do /
SÉRIO. /
Ponto final"
(F. de aprox. 10 anos, paciente que estava, segundo a enfermeira, em surto psicótico)

Certa vez, levamos como proposta falar sobre os contadores de histórias, sua origem, e perguntamos para as pessoas se elas ouviam histórias na infância. Alguns contaram "causos"[14]. Um senhor empolgou-se e foi logo contando uma história de onça e caçada. Quando estávamos conversando com um pequeno grupo sobre a experiência de cada um em ouvir histórias, uma paciente de mais ou menos 12 anos começou a chorar. A mãe explicou que quem contava histórias para ela era o pai, falecido há apenas um mês. Ficamos muito comovidas com aquela mãe ao lado da filha com câncer, contando sobre a morte recente do marido. Falamos com a menina que não chorasse, pois o pai não havia morrido. Ele estava dentro dela por meio das histórias que tinha contado. Ela parou de chorar. A mãe sorriu e começou a lembrar de algumas. Sugerimos que elas as registrassem num caderno. Foi um momento muito forte. Todos nos emocionamos.

Contei a história do bumba meu boi, e algumas crianças ficaram impressionadas com o tal de querer comer a língua do boi. Fizemos um bumba meu boi de papelão na enfermaria infantil do Incor. Confeccionamos a cabeça e o corpo, pintamos, decoramos. Cada criança podia entrar no boi por sua vez para brincar. Fizemos um buraco no corpo de papelão. A criança entrava e colocava alças nos ombros para sustentar o boi. A cabeça dela ficava para fora. Houve um estranhamento depois que o boi ficou pronto. Alguns ficaram com medo. Tive de argumentar que, afinal de contas, eles é que tinham feito o boi. Que era lógico que o boi gostava deles, pois sem eles o boi não existiria. Depois de convencidos, a farra começou. Gabriel, de 3 anos, vestiu o boi e saiu chifrando enfermeiros e médicos pela enfermaria e corredores.

A história do bumba meu boi provocou também nostalgia e orgulho em várias mães, enfermeiras e acompanhantes. Muitos nordestinos ficaram felizes de ouvir algo familiar e significativo

---

[14] Uma pequena história do passado, narrada dos mais velhos aos mais novos sobre acontecimentos fantásticos que dizem ser verdade.

para eles. A expressão do rosto mudava. Era como se estivessem encantados, enlevados, vendo-se representados. Quando uma cirurgia não corria bem, todos na enfermaria ficavam sabendo. O clima era de tensão, e nosso trabalho acabava sendo um pouco parecido com o dos bombeiros. Íamos apagando incêndios com nossas histórias e músicas. Nessas horas, normalmente um corpo a corpo com cada um era mais funcional. Todos estavam precisando de atenção e, assim, nesse atendimento individual, conseguíamos ficar mais próximos e perceber o que cada um necessitava.

A primeira vez que presenciamos o momento em que uma criança saiu da enfermaria para a sala de cirurgia foi muito dolorido. Estavam todos muito tensos, e a enfermaria em ponto de bala. Como a cirurgia de outra criança na véspera tinha dado complicações, o clima de expectativa era enorme. Depois que Diana tomou o sedativo e ficou meio grogue, olhou para nós e falou: "Tia, e a máscara do lobo mau?". Nós quase choramos nessa hora. Tínhamos feito com a criançada máscaras de lobo a partir da história de "O Lobo e os Sete Cabritinhos". Pudemos perceber o lobo ali, pertinho de Diana, pronto para devorá-la. Foi a última imagem que ela evocou antes de dormir e ir para a cirurgia. O lobo mau era um personagem recorrente e importante em nossas histórias. Ele simbolizava o medo. Era a concretização de um sentimento que paira nos hospitais, mas as crianças não conseguem realizar. Com a figura do lobo, era mais fácil enfrentar o medo, pois ele lhe dava forma.

Uma das atuações mais interessantes que tivemos foi num encontro com um grupo de pessoas com insuficiência cardíaca. Tivemos uma reunião com a responsável e pudemos obter algumas informações a respeito do grupo com o qual íamos atuar. Estávamos inseridas na programação do encontro, fazendo parte da equipe do hospital. O trabalho com os contos de sabedoria foi muito proveitoso.

Os participantes mostraram-se disponíveis e interessados, tanto em ouvir as histórias como em participar da atividade. Cada grupo recebeu um pequeno conto de sabedoria e teve alguns minutos para lê-lo e discutir sobre o sentido daquela história entre eles. Depois, cada grupo contava sua história e suas conclusões para todos. Surgiram depoimentos muito ricos e emocionantes.

Lembro-me de quando fomos visitar na UTI a Ludmila, de 3 anos, que teve uma pneumonia após a cirurgia. Nós já tínhamos brincado muitas vezes de lobo mau, enquanto ela se preparava para o processo cirúrgico; aliás, brincadeira que ela temia, mas sempre pedia para repetir. Karin aproximou-se do leito; a médica pedia insistentemente que ela tossisse no inalador para melhorar suas condições, liberando o catarro do pulmão. Ela chorava e empurrava o inalador. Quando viu Karin, começou a fazer uma chuva de perguntas: "Você tem medo do lobo mau? Na sua casa também tem escuro? Você me conta aquela história de novo?". Então, Karin disse a ela: "Olha, faz de conta que este aqui é o lobo (apontou para o inalador), e esse lobo vai morrer sempre que você der uma tossida bem poderosa". Dessa forma, toda vez que chegavam com o inalador perto dela, Ludmila tossia, Karin fingia que o inalador morria e repetiram a cena pelo tempo necessário.

Pedi às enfermeiras que juntassem para mim caixas de remédio que fossem grandes. Eu as desmontava com as crianças; cortávamos as rebarbas, virávamos pelo avesso (lado pardo para fora) e com o papelão fazíamos a capa de um livro. Era uma maneira de ressignificar a caixa de remédio que remetia a doenças e transformá-la em algo prazeroso e imaginativo. Com lápis de cera, revistas, cola em bastão e tesouras de pontas arredondadas, as crianças decoravam as capas e eu levava alguns miolos de histórias impressos em formato de livro. Furávamos o material e passávamos um barbante nele. Cada criança ficava com um livro para curtir a história depois. Às vezes, fazíamos livros em branco para cada um inventar sua própria história e escrevê-la ali.

No Graacc, certa vez, fomos abordadas no corredor por uma mãe que estava em frangalhos. Depois de informar-se conosco sobre nosso trabalho, pediu que fôssemos ao quarto da filha. Quando entramos, vimos uma moça bonita, careca, de olhar sereno e ao mesmo tempo decidido. Ao seu redor, parentes muito tristes. "Uma história ou uma música?", perguntamos. E ela: "Uma história. Para eu contar para minha filha de 3 anos". Impacto. Tem que ser a melhor história do mundo! Karin contou a que a avó lhe contava quando era pequena. Ela gostou muito. Cantamos uma música, e todos se emocionaram. Nós nos segurando para não chorar também. A moça continuava com seu olhar firme e sereno. "Nunca vou me esquecer de vocês. É para isso que a vida vale. Para estarmos assim, todos juntos", ela disse. Despedimo-nos e saímos. Choramos no corredor e ficamos paradas algum tempo, sentadas retomando o pé. Às vezes, o melhor é parar e ir para casa. Não podemos mergulhar profundamente em cada dor, pois senão não daríamos conta, mas não podemos negligenciar as emoções fortes quando elas acontecem. É preciso elaborar essas dores que fazem parte desse trabalho.

Deu vontade de entender melhor a respeito das doenças, do estado psíquico e físico que acarretam, para usar isso como fonte de informação na criação das atividades. Trabalhar com arte não só para ampliar e aprimorar o olhar sobre o mundo, mas também para ampliar o olhar sobre si mesmo.

Certa vez, fizemos uma intervenção apenas para os funcionários: enfermeiros, médicos, faxineiros, ascensoristas, seguranças, recepcionistas, etc. Levamos poesias, minicontos e ditos populares. A pessoa abordada escolhia o que queria ouvir: poesia, música ou conto? Quem participava ganhava uma flor. Depois desse dia passamos a ser recebidos com muito carinho e sorrisos especiais.

Todos apreciaram a proposta e até ouvimos alguns comentários, como: "Ah! Até que enfim a gente também tem direito". Os comentários eram sempre bem-humorados, mas solicitavam que nós também os envolvêssemos no trabalho.

A Criação de Histórias com as Crianças

Depois de um período contando e cantando, resolvemos propor uma experiência criativa mais intensa e profunda. Utilizamos menos informação e mais interação. Levávamos nossa proposta mais aberta para entender qual era a demanda do dia. Assim, podíamos adequar nosso planejamento aos anseios dos pacientes.

A partir disso, tivemos uma produção bonita de histórias, criadas em conjunto por pacientes, acompanhantes e nós. Foram momentos de muita concentração, colaboração, descontração e realização. Todos se sentiram orgulhosos do resultado e dividiram com os outros (médicos, enfermeiros, outros acompanhantes e pacientes) o prazer de mostrar sua criação. As histórias propiciaram a produção de desenhos, cenários em miniatura, origamis e até música. (Veja o exemplo de uma no final deste livro.)

Da Escuta à Criação de Histórias: Uma Aprendizagem de Ida e Volta

Na mesma época em que fui convidada para o projeto de narração de histórias na AACD, eu fazia, coincidentemente, um trabalho voluntário no Hospital das Clínicas, na área de Neurologia Infantil. Estava aprendendo a me comunicar com crianças que tinham paralisia cerebral e a entender sua forma de expressão. Assim, pude aproveitar essa experiência na atuação com as crianças da AACD.

Os objetivos do projeto foram-me apresentados pela coordenação pedagógica: ampliar a cultura, melhorar o desempenho escolar, provocar mudanças específicas na realidade social do público atendido, estimular a compreensão de narrativas e favorecer a capacidade de criação de histórias. Era uma experiência completamente nova para mim poder conviver com um grupo por um longo período e ir construindo um processo. Isso faz toda a diferença. Normalmente, um contador de histórias se apresenta e vai embora, sem ter muita ideia de como suas narrativas chegaram ao público, o que delas reverberou, o que teve significado ou não... Agora eu teria a chance de acompanhar os efeitos das histórias e, com isso, ir colocando os tijolos amarelos para construir essa trilha, como no caminho de Dorothy, do Mágico de Oz. Era um caminho de aprendizagem mútua, meu e das crianças.

Preferi não pensar em um planejamento logo de saída. Primeiro, precisava mapear meu público: de um lado as professoras, com quem deveria encontrar uma forma de estabelecer uma parceria; de outro lado, as crianças, em quatro grupos bem diferentes entre si, com idades que variavam entre 5 e 14 anos.

Eu contava as mesmas histórias para os quatro grupos. Comecei pelas que achei que pudessem cativá-los imediatamente. Busquei não fazer muitas concessões pelo fato de terem deficiências. Acho que deu certo. É claro que ao longo do processo fui descobrindo alguns códigos: como usar a prancha de comunicação (uma "mesinha" apoiada nos braços da cadeira de rodas com figuras e letras que as crianças apontavam para comunicar o que queriam: água, banheiro, comida, etc.), como pedir ajuda a professores e voluntários para entender o que estavam falando, como perceber em seus movimentos corporais as reações às narrativas. Fui criando uma "pegada" com cada grupo. A história era a mesma, mas o jeito de contá-la era particular para cada turma. Eles ouviram histórias de culturas distintas, instrumentos diferentes, inúmeras canções; viram objetos transformarem-se em outras coisas, sentiram cheiros e texturas, viram muitas imagens (ilustrações, pinturas, projeções, varal de tecidos, etc.). Foram sendo abastecidos de mundo simbólico. Gostavam de ser incluídos nas narrativas, dos momentos de interação. Nas histórias, pela imaginação, podiam subir em árvores, nadar, desvendar florestas, navegar, voar, vestir-se de príncipes e princesas escolhendo as cores de seus trajes, dançar nos bailes, matar o lobo mau...

 Aos poucos, a capacidade de antecipar o que ia acontecer foi aparecendo, assim como o humor e a brincadeira. Ao final, sempre fazíamos um resgate do que havia sido narrado naquele dia, lembrando as etapas da história e o nome das personagens. Alguns recontavam em casa as histórias ouvidas.

 Os medos aparecem nas histórias, mas elas ajudam a elaborá--los. Assim, quando surgiam situações de medo, aproveitávamos para conversar sobre ele. Às vezes, um dragão de brinquedo provocava ansiedade, e as crianças até suavam frio. Apesar disso, havia um prazer nesse sentimento, como se o fato de enfrentá-lo as tornasse mais fortes. As histórias de lobo foram muito bem recebidas por mais velhos e mais novos. Os mais medrosos ficaram concentrados, precisaram do apoio de uma professora por perto, mas, ao final, até fizeram carinho na cabeça do lobo de origami. Elogiei a coragem, e todos se sentiram orgulhosos.

 Uma das histórias emblemáticas foi "Sundiata, o Príncipe Leão" – um conto africano sobre o herói que fundou o Mali. Sundiata era coxo na infância e teve que se esforçar muito para superar a deficiência e tornar-se um herói. Esse dado causou extrema identificação. A torcida por ele foi grande, e essa foi uma das histórias mais comentadas.

 Aos poucos, iam fazendo relações e associações. Quando estava narrando a história de Rapunzel e mencionei que mulher grávida tem desejos estranhos, lembraram-se de outra história onde essa questão aparecia: a do boi-bumbá, na qual Catirina, grávida, deseja comer a língua do boi. Isso me demonstrava que as imagens estavam presentes, que nossa trilha de tijolos amarelos estava sendo construída.

As professoras me acolheram muito bem e trabalharam em parceria o tempo todo, desdobrando as histórias em outras atividades complementares. Aos poucos, pais e mães vinham conversar comigo e me contavam que seus filhos estavam pedindo histórias toda noite, que queriam os livros das histórias narradas. Alguns pais recontavam as narrativas que ouviam comigo, e as crianças os ajudavam a lembrá--las. Outros me disseram que os filhos estavam buscando palavras novas para descrever o que sentiam quando ouviam as histórias. Mães foram à internet buscar informações sobre meu trabalho, mostrando o quanto as histórias estavam mobilizando seus filhos e como elas tinham virado um assunto importante em suas conversas em casa.

Um dos meninos contou-me que ficou sem dormir na véspera do dia das histórias. Ele sabia que não teria o serviço de *van* para levá-lo até a AACD e pediu ao pai que desse um jeito e o levasse, pois não queria perder as histórias.

As crianças, por sua vez, iam ficando cada vez mais soltas, participando espontaneamente, fazendo comentários e até sonoplastia (batidas na porta, cavalo, campainha...). Algumas que eram mais apáticas começaram a sorrir e se manifestar. Outras, que não conseguiam falar, demonstravam seu entusiasmo rindo, balançando--se e tentando expressar-se com o corpo.

Percebi que incluir nas histórias as crianças que tinham maiores dificuldades motoras e verbais era uma maneira de envolvê--las mais. Quando eram personagens, acabavam esforçando-se para se comunicar, divertiam-se e, por movimentos corporais, faziam-se presentes e atuantes.

No mês de julho, recontei algumas histórias. Fizemos uma enquete para saber quais eles queriam ouvir de novo. Foi importante retomar essas narrativas. Pude perceber o que eles lembravam (muita coisa!) e como se sentiam poderosos por poder antecipar os fatos.

Várias conquistas aconteceram: um deles, muito medroso, conseguiu assistir a uma apresentação de outra contadora de histórias durante as férias graças à experiência positiva que tivera comigo na AACD; outro percebeu que, mesmo sentindo um pouco de medo, conseguia ouvir as histórias e se sentiu fortalecido; muitos pais entenderam como as histórias eram importantes e passaram a incorporá-las em sua rotina com os filhos.

Na volta das férias, uma professora muito querida de uma das turmas teve que se afastar e, coincidentemente, eu havia trazido histórias que falavam de saudade. Foram momentos bem intensos e delicados. Silêncio, introspecção, atenção.

Comecei a contar histórias mais longas e de complexidade narrativa maior. Acompanharam muito bem. Quando eu solicitava a participação perguntando, por exemplo, o que tinha na sacola da personagem, deduziam imediatamente a partir das informações dadas anteriormente na narração. Mesmo os menores, embora tivessem mais dificuldade de manter a atenção nessas histórias longas, conseguiam acompanhar. Explorei a interação com eles fazendo com que me ajudassem na sonoplastia, e isso os divertia muito. Acredito que, mesmo quando não se entende a narrativa completamente, ouvir histórias sempre vale a pena. Algo é despertado no imaginário, imagens constroem-se, sensações afloram.

As histórias que têm repetições são muito bem-vindas. Eles vão entendendo a lógica e passam a deduzir o que vem a seguir. Gostam de inferir o que vai acontecer, por isso as repetições são fundamentais para ajudá-los nessa dedução: quando há três filhos e cada um faz o percurso e encontra o mesmo personagem que diz as mesmas coisas;

quando a bruxa visita Branca de Neve três vezes; quando cada um dos irmãos para, por sua vez, numa hospedaria em que o dono rouba seus objetos mágicos...

Havia sempre o pedido de histórias de medo, embora muitos deles sejam bastante assustados, sobressaltem-se com movimentos um pouco mais bruscos, com a voz mais alta, com animais de brinquedo... Mas queriam exercitar sua coragem. E assim, atendendo a pedidos, contei histórias de lobisomem, curupira e saci. Foi uma excitação geral! Eles sabiam várias informações sobre essas personagens, o que lhes dava algum "controle" sobre a situação. Quando cantei "as caveiras", lembraram-se de "Thriller", do Michel Jackson, e fizeram a coreografia com os braços durante a parlenda. Os pequenos perguntaram se o saci e o curupira tinham passado pela AACD!

Nas fábulas de Esopo, surgiram questões que interessaram bastante à criançada: a lebre e a tartaruga (quem é o mais rápido?) e o leão e o ratinho (quem é o mais forte?). Elas provocaram torcida, apostas, conversas e, claro, muita identificação. Pediram para ouvir a história da lebre e da tartaruga de novo, e, na segunda vez, a torcida foi ainda mais animada!

A história do Mágico de Oz foi um pedido de uma menina um pouco mais velha, com muita dificuldade de interação, mas que carregava sempre na mochila esse livro. Preparei especialmente para ela essa história, que tem elementos muito fortes para qualquer criança, especialmente para aquelas: o espantalho que quer inteligência, um leão que quer coragem e um homem de lata que tinha sido um homem de verdade, mas que foi perdendo partes do corpo por conta do machado encantado pela bruxa e ia substituindo essas partes por lata – ele queria um coração. A identificação foi imediata. Não era à toa que nossa menina tinha essa história como referência. Fiz uma narrativa como se fosse um jogo de tabuleiro: o caminho de tijolos amarelos e as etapas da narrativa ilustradas por imagens no meio do percurso. Às vezes, eu colocava uma estrela no tabuleiro que era o sinal para tirar uma carta. Na carta, sempre aparecia uma personagem que cruzava o caminho dos heróis. Foi um sucesso! O esquema de história-jogo funcionou muito bem. Eles se sentiram caminhando pela estrada amarela e adoravam me avisar quando aparecia a estrela para eu tirar a carta. Acho que essa história mobilizou neles muita coisa. Ficaram excitados e alegres; a participação foi grande.

Uma história que causou muita identificação também foi a do leão que vivia confinado numa jaula. Ele cresceu, e a jaula ficou pequena para ele. Sentia dores nas costas e nas pernas. Uma criança falou que estava igual ao leão, com dor nas costas. Eles também são confinados em suas cadeiras...

Em "Branca de Neve", um dos meninos lembrou-se de que sua mãe também havia morrido de parto. Pudemos dar-lhe um alento dizendo que ele teve sorte de não ter uma madrasta má e ter um pai que era muito presente e atencioso, que o protegia e cuidava dele. Mais uma vez, a história ajudando a elaborar perdas...

Contando histórias de anjos no Natal, uma das crianças ficou olhando pela janela e disse-me que estava imaginando os anjinhos lá nas nuvens.

Todo esse trabalho foi criando um "chão" para o processo que viria a seguir.

Depois de semeá-los com muitas narrativas ao longo dos seis primeiros meses, comecei a propor a criação de histórias. Já tínhamos caminhado bastante na nossa trilha de tijolos amarelos. Já tínhamos nos deparado com medos, alegrias, surpresas, descobertas... Agora estávamos nos aproximando do castelo de Oz, onde as crianças poderiam experimentar os conhecimentos adquiridos nesse caminho. Usando um baralho de figuras que eram sorteadas, elas tinham que inventar uma história a partir daquelas imagens. Iam sorteando cartas e compondo a narrativa. Nas primeiras criações, comandei bastante o processo, sugerindo alternativas para serem escolhidas, dando pistas de como encadear e de como encaixar aquela figura na história. Mas, aos poucos, fui deixando mais na mão deles e me preocupando apenas em cobrar a lógica da narrativa. Mesmo que fosse uma lógica maluca das histórias, tinha que ter um fio condutor.

Numa das criações, enquanto decidíamos as comidas do banquete, um menino ficou aflito e dizia: "É só ideia? É só ideia?". Respondi que sim. Eram só ideias, que nas histórias a gente pode inventar o que quiser, que nas histórias pode tudo. Ele, aliviado e feliz, disse: "Bolo de milho!".

Surgiram coisas incríveis! Fiquei muito orgulhosa. Eles incorporaram os elementos que semeei na primeira etapa e agora eu estava colhendo belos frutos. Mesmo as crianças que não tinham capacidade de verbalizar suas ideias participavam, apontando as figuras em suas pranchas de comunicação, fazendo gestos e expressões. Assim como em "O Mágico de Oz", cada um descobriu que podia ir além do que imaginava em suas capacidades e habilidades. Que a imaginação e a capacidade de criar são de cada um e que é só disparar essa possibilidade. É um caminho sem volta. Uma jornada de autoconhecimento que terminou seu primeiro ciclo ao final desse projeto. Mas essa é uma jornada que não tem fim.

Daqui para frente, terão muito material interno para elaborar as suas vidas!

Minha experiência no Centro da Cultura Judaica

Trabalho nesse espaço cultural desde 2005 coordenando ou colaborando em diversas programações relacionadas com narração de histórias e literatura. Dentre essas atividades, a que é a menina de meus olhos e da qual cuido desde sua implantação chama-se Sipurim – Hora da História, cuja proposta é criar um espaço diferenciado de narração de histórias, tendo como temática a cultura judaica, no sentido mais amplo que conseguimos dar a essa expressão. Contos tradicionais, histórias do Antigo Testamento, autores judeus nacionais ou estrangeiros, contadores de histórias da comunidade judaica, paralelos entre a cultura judaica e outras culturas – abrindo-se, assim, espaço para a coexistência entre os diversos povos.

Nosso público mais assíduo é formado por crianças entre 2 e 7 anos de idade, além de adultos que vêm acompanhando as crianças ou sozinhos para ouvir as histórias. Assim, procuramos atender a todos, buscando uma programação inteligente e instigante voltada para as crianças, mas que cause interesse e prazer aos adultos também.

Apostamos na ideia do tempo tranquilo, da música suave, da respiração suspensa, de deitar com as mãos atrás da cabeça e viajar nas palavras dos contadores de histórias; por isso, o espaço onde essas apresentações acontecem é aconchegante e concentrado. Os adultos sentam-se em cadeiras e as crianças em almofadas junto ao palco, que é um tablado baixinho. Nesse espaço não tem gente passando, nem correria e barulheira. Quem vai para lá está interessado somente em ouvir histórias. Estamos sempre atentos às opiniões de nossos espectadores, seja por meio de conversas antes ou depois das apresentações, seja por meio de formulários que são preenchidos espontaneamente e com base nos quais fazemos a tabulação de como andam as coisas. Já passaram pelo Sipurim inúmeros contadores de histórias acompanhados por músicos, artistas plásticos, bonequeiros, teatro de sombra, projeções…

Não sou judia. No entanto, desde que comecei a trabalhar no CCJ, apaixonei-me completamente pela cultura judaica. Assim, acabei descobrindo que tenho tataravós judeus pelos dois lados da família. O fato de não ser da comunidade estabeleceu uma ponte entre o Centro Cultural e o público em geral. Auxiliada pela equipe da casa, escolho os temas e ajudo a definir como abordá-los de forma a chegar a qualquer pessoa, tenha conhecimento ou não sobre essa cultura.

Além de termos as datas comemorativas do calendário judaico como base para definir os temas das histórias, também buscamos estabelecer relações entre toda a programação da casa: exposições, espetáculos teatrais, dança e cinema. No Sipurim, as crianças poderão escutar histórias que dialogam com essa programação, especialmente com as exposições. De maneira que, quando elas saem da apresentação, se forem visitar a exposição, farão conexões com o que acabaram de ouvir. Já fizemos narrações a partir das obras de Claudia Andujar, Lasar Segall, Chagall e Jorge Luis Borges (uma série de intervenções na arquitetura do prédio do Centro da Cultura Judaica que destacavam a relação entre o realismo fantástico de Jorge Luis Borges e a Cabala servindo de inspiração para diversas atividades), entre outros.

Vou descrever uma dessas programações que desenvolvemos, vinculadas à exposição da série "Israel" de Candido Portinari, que, além das 70 obras, trazia também um andar dedicado a uma unidade de pesquisa e documentação sobre o pintor. A ideia é que as histórias narradas ao longo da programação fossem relacionadas com a vida e a obra do artista. Começamos com a contadora de histórias Kelly Orasi contando histórias de avôs, imigrantes italianos: o avô dela e o avô de Portinari.

A ideia era criar um vínculo pessoal com o pintor. Foi proposta uma conversa sobre quem tinha avós imigrantes e de onde tinha vindo, apresentando para a maioria das crianças o significado da palavra "imigrante". Em seguida, a narração foi sobre a infância de Portinari, suas dificuldades físicas, como começou a pintar. Essa apresentação foi feita por mim numa adaptação do livro de Mario Filho, *Infância*, onde ele conta de maneira deliciosa a vida do pintor desde a chegada da família a São Paulo até o momento de ele ir para a capital estudar pintura. Durante a narração, a artista plástica Paula Galasso ilustrava a história com a projeção de quadros do pintor, onde eventualmente ela fazia intervenções com uma caneta desenhando sobre um *tablet*.

No terceiro Sipurim, a Cia. Dedo de Prosa contou alguns "causos" caipiras ilustrados pelas imagens de quadros de Portinari com cenas do interior paulista, pois ele é de Brodósqui, interior de São Paulo. Assim trazíamos o imaginário da região do pintor para as crianças.

No quarto encontro, contei a vida adulta de Portinari. Sua chegada a São Paulo e o início de sua carreira artística. Usamos o mesmo esquema de ilustrar a história com quadros projetados, onde eventualmente Paula fazia intervenções.

Para finalizar, organizamos um grande *happening* onde as crianças experimentavam várias linguagens artísticas. Escolhemos poesias, canções e trechos de artigos de outros artistas falando de Portinari. Enquanto eu lia as poesias, tocava e cantava as canções, a Paula pintava um grande painel em papel *kraft*, incluindo na sua pintura coisas que as crianças iam produzindo orientadas pela equipe de Arte Educação. Com imagens de quadros de Portinari como referência, propusemos que fizessem conchas, peixes, barcos de dobradura, enquanto a artista plástica pintava uma cena de mar e ia encaixando toda essa produção.

Como o próprio nome diz, *happening*, eu fiquei muito feliz. O resultado foi lindo, emocionante; e o processo desses encontros, maravilhoso. Um mergulho na obra do artista navegando cada hora por um mar diferente e, assim, propondo uma visão bem prismática sobre Portinari. Acho que conseguimos proporcionar uma apreciação do artista e sua obra de maneira a dar sentido para as crianças. Sempre após as apresentações, o público era convidado a visitar a exposição com a monitoria do pessoal do Departamento de Arte Educação que já estava preparado para fazer todas as conexões.

Desde que vi certa vez no Museu D'Orsay, em Paris, uma professora propondo uma apreciação de um quadro de Manet para crianças bem novas de uma maneira muito lúdica e divertida, fiquei com isso na cabeça. Quando surgiu a oportunidade no Centro da Cultura Judaica, com a diretoria interessada em fazer essa "tecelagem" na programação, aproveitei para experimentar esse outro jeito de fazer a arte chegar para as crianças.

10. Conclusões

Hoje em dia, quando dou aulas sobre como contar histórias, converso com os alunos e pergunto sobre suas experiências com as histórias. Onde ouviam, quem contava, o que contavam, e constato que é uma bênção que de vez em quando falte energia elétrica, pois, na maioria das vezes, os depoimentos referem-se a histórias contadas nesses momentos. A família reúne-se em volta de uma vela e, pronto!, que maravilha!: conversam, contam fatos, histórias, memórias...

Nos dias de hoje, cada um olha sua tela (de TV, computador, micro-ondas, celular), e muitas vezes não se trocam mais palavras. Já tive alunos que assistiam à aula com o celular na mão teclando sem parar. Olhos grudados em telas.

Constato, também, que frequentemente as pessoas esquecem as referências do seu passado e, quando começamos a conversar sobre memória e histórias, passam a resgatar lembranças e emocionam-se. Às vezes, têm um mundo simbólico enorme, cheio de experiências profundas, mas abandonam essas histórias, guardam-nas tão herméticas e tão escondidas, que se esquecem de que elas existem e de como são importantes para a construção de suas vidas.

Com uma produção de livros cada vez maior e mais rica nas livrarias, os pais às vezes se contentam em oferecer belas publicações aos filhos. Muitas vezes, a escolha é feita pela beleza, não pelo conteúdo. Perde-se a chance de compartilhar com o filho o momento mágico de uma história que pode ser significativa para ambos.

Conversar e contar histórias contribui para que possamos refletir sobre nós, sobre o mundo, sobre as relações humanas. Assim, podemos nos tornar seres críticos e comprometidos com a nossa vida e com a vida dos outros.

É com grata satisfação que vejo o crescimento do número de contadores de histórias pelo mundo e o interesse das pessoas em assistir a essas apresentações. É como se esse universo das histórias e da memória tivesse rompido as paredes das casas e invadido a cidade. Surgiram contadores de histórias urbanos, que fazem cursos, misturam linguagens, usam objetos, músicas, figurinos… A narração vira performance e entra em espaços culturais. Os pais levam os filhos e vivem juntos o papel de ouvintes.

Verifico que os contadores de histórias, que percebem o poder da palavra e a utilizam com maestria, encantam crianças e adultos e mobilizam essas imagens e símbolos ancestrais. Semeiam o desejo de compartilhar narrativas…

Os pais que percebem o poder de sua memória e emoção, ao narrar para os filhos histórias e episódios de suas vidas, podem mobilizar o afeto e significados profundos no seu coração e no de seus filhos.

Eu acredito que uma sociedade que valoriza sua história, seus personagens e mitos cria possibilidades de que seus cidadãos construam relações mais significativas, e que a convivência seja mais generosa, harmônica e comprometida.

Desde que comecei a contar histórias, senti que tinha encontrado meu caminho, meu fluxo do rio… Uma vez ouvi uma palestra de um especialista em I Ching em que ele disse: o rio corre por onde é mais fácil seguir, a água vai encontrando seu leito e fazendo suas curvas por onde ela flui melhor. Ele comparou isso com nossa vida dizendo que, quando encontramos o nosso fluxo, as coisas começam a se desenvolver de forma contínua e fluida, como um rio. Vamos deslizando sem dor, indo pelo caminho que nos desgasta menos e que deixa as águas seguirem seu destino, cristalinas e cheias de surpresas e riquezas no seu percurso…

Eu encontrei meu fluxo, e o rio corre solto, murmurando histórias novas a cada curva do caminho.

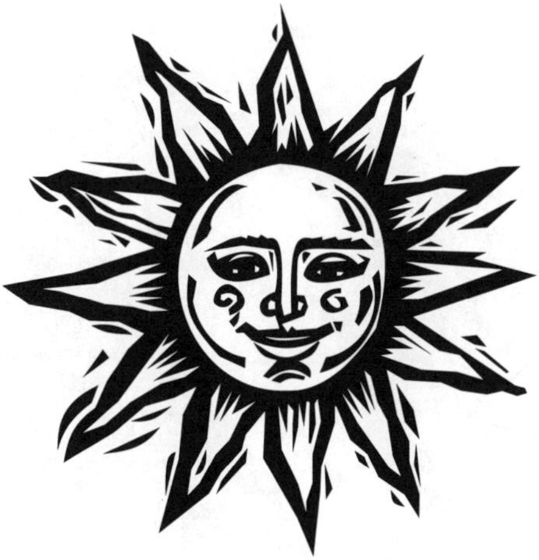

Histórias

Mitos sobre a Origem do Dia ou a Origem do Sol

Gênesis, 1

No princípio, Deus criou os céus e a Terra. A Terra estava informe e vazia; as trevas cobriam o abismo e o Espírito de Deus pairava sobre as águas. Deus disse: "Faça-se a luz!". E a luz foi feita. Deus viu que a luz era boa e separou a luz das trevas. Deus chamou à luz DIA e às trevas NOITE. Sobreveio a tarde e depois a manhã: foi o primeiro dia.

A Conquista do Dia – Kuát e Iaé

(Povo kamaiurá do Xingu, inspirado na versão de Orlando e Claudio Villas Boas, em *Mitos do Xingu*.)

No começo não havia dia, era tudo escuro. Sempre noite. As pessoas faziam suas moradas perto das luzinhas dos cupinzeiros. Como ninguém enxergava direito, era a maior confusão. Não havia fogo, não se podia caçar, não se podia plantar.

Dois irmãos, Kuát e Iaé, o Sol e a Lua, não sabiam o que fazer com seu povo, que estava morrendo de fome. Viviam pensando em como fazer para trazer o dia, mas não sabiam como. O dia ficava com os pássaros em seu reino que era governado pelo urubu-rei Urubutsin.

Depois de muito matutarem, conseguiram bolar um plano: fizeram uma anta de gravetos e folhas e dentro dela colocaram mandioca e outras coisas. Depois de alguns dias, o boneco começou a cheirar mal. Tudo o que estava dentro se estragou e apareceram muitos corós (vermezinhos) caminhando por cima. Era isso mesmo que eles queriam. Passarinhos adoram coró!

Sol colocou os corós num saquinho, que entregou para as moscas, mandando que levassem para a aldeia dos pássaros. As moscas voaram rápido e chegaram com o saquinho. Elas perceberam que lá havia dia. Estava tudo claro.

Os pássaros cercaram as moscas para saber o que elas estavam trazendo. O Urubutsin, esperto, foi logo dizendo que o Sol estava querendo enganá-los para roubar o dia. Mandou trazer um banco para as moscas e, depois que sentaram, o Chefe perguntou:

— O que vocês vieram fazer aqui?

As moscas responderam na sua língua, mas o Urubutsin não entendeu. Ninguém entendia as moscas, ninguém conhecia a língua delas. Os pássaros, um por um, iam interrogando as moscas, mas não entendiam o que elas diziam.

Até que finalmente foi chamado um pássaro de nome iapíaruiáp que conseguiu entender.

As moscas, então, mostraram o embrulho, hum... uma delícia! As aves comeram tudo e, em seguida, perguntaram para as moscas onde podiam comer mais.

— É só descer até a Terra, lá tem muito mais — responderam elas.

Urubutsin insistia que era muito perigoso ir, que era preciso, antes, que todos cortassem os cabelos, que fizessem um ritual. Os pássaros pelaram-se e começaram a descer. Chegaram e já começaram a comer os bichos. O Sol e a Lua estavam escondidos dentro do boneco da anta. O Urubutsin desceu por último e foi sentar no lugar que o Sol tinha preparado para ele.

Quando o Urubutsin sentou na carniça, o Sol agarrou o pé dele e segurou firme. Ao ser preso o Chefe, a passarada toda saiu voando.

Sol disse a Urubutsin:

— Nós não vamos matar você, não. Queremos somente o dia. Foi só para isso que chamamos você.

Havia ficado apenas o jacubim. O Urubutsin, então, mandou-o buscar o dia, disfarçando, dando a entender que não. Ele saiu e voltou algum tempo depois enfeitado com o araviri [enfeite de braço], de arara-azul.

O dia veio clareando um pouco, e o Sol perguntou: "É o dia?" e a Lua disse que não, que aquilo era pena de arara-azul.

Quando o jacubim pousou, escureceu mesmo tudo outra vez. Como o Sol pressionava, urubu-rei mandou que o jacubim trouxesse o dia verdadeiro, mas ainda assim disfarçou de novo, deixando claro para o jacubim que não era para trazer coisa nenhuma. Ele foi e voltou com um penacho de arara-canindé, a amarela. Sol perguntou:

— E agora, é o dia mesmo?

— Não, não é o dia, não. Vai apagar de novo quando ele pousar — disse a Lua. E apagou de fato quando o jacubim pousou no chão.

O Sol, então, disse para o Urubutsin:

— Você tem que mandar vir o dia verdadeiro, nós precisamos dele para poder viver, plantar, caçar. Nosso povo está faminto.

— Agora vou mandar trazer o dia de verdade, porque já estou cansado de estar aqui.

O jacubim foi e voltou todo adornado com canitar de pena de arara-vermelha na cabeça, com enfeite no braço e nas pernas e de brincos. Veio descendo.

A Lua, então, falou:

— Este é o dia. Esta é a arara-vermelha mesmo.

Quando o jacubim chegou, tudo clareou.

Então, Urubutsin começou a ensinar o Sol e a Lua, dizendo:

— De manhã nasce o dia, de tarde vai sumindo e depois some de uma vez. Não vão pensar que nós levamos de volta. Não pensem isso, não. O dia aparece e vem a noite depois. Vai ser sempre assim. Não tenham medo, não. Ele volta sempre.

E acrescentou:

— A noite é para dormir. O dia é para trabalhar, fazer roça, caçar, pescar, fazer todas as coisas. Dormir de noite e trabalhar de dia. Sempre assim.

Antes de ir embora, o Urubutsin disse para o Sol e a Lua:

— Quando matar bicho grande, ponha num lugar que eu veja para vir comer.

O Sol e os Meninos
(Bosquímanos, inspirado na versão de *As Maravilhas do Conto Africano*, seleção e prefácio de Fernando Correia da Silva.)

Os bosquímanos eram os primeiros homens da Terra. Foram os seus filhos que fizeram o Sol subir para o céu, para que ele esquentasse a Terra, e eles pudessem ficar sentados ao Sol.

O Sol que tudo ilumina, para que os homens vejam os bosques, os animais, a água, as montanhas e, claro, os outros homens.

Dizem que, no princípio, o Sol era um homem que vivia na Terra. Primeiro, dava luz somente ao local em volta da sua habitação. E, como a sua luz se limitava a essa área próxima dele e em volta de sua casa, o resto da Terra ficava como se o dia estivesse sempre lutando para amanhecer. Era assim: quando o Homem--Sol levantava o braço... do seu sovaco saía a luz! Quando baixava o braço, a escuridão cobria tudo; quando voltava a levantá-lo, era novamente dia.

Uma vez, uma mãe que morava perto do braço direito do Sol, mas não perto o suficiente para receber sua luz, chamou os filhos e disse:

— Aproximem-se muito sorrateiramente da axila do Sol, enquanto ele estiver dormindo. A missão de vocês será fazer o Sol subir para o céu para que ilumine toda a Terra e não só o que está a seu redor.

Nesse mesmo instante, lá do outro lado, do outro braço, beeeem longe dali, outra mulher mandava os filhos fazerem a mesma coisa. Ela lhes disse:

— Aproximem-se com muito cuidado e levantem o braço do Sol jogando-o para o alto. O Sol, na sua viagem de um lado ao outro do céu, iluminará tudo, e o nosso arroz secará para matarmos a nossa fome.

Desse mesmo modo falaram as duas mulheres.

Assim, os meninos aproximaram-se do Sol. Primeiro, olharam com atenção para verificarem se estava mesmo dormindo. Viram que ele estava muito quieto, com o cotovelo levantado de modo que a luz que saía de baixo de seu braço iluminava ao redor. Antes de se prepararem para o erguer, os meninos lembraram-se do que as velhas mães haviam dito:

— Vocês devem falar-lhe, enquanto o levantam, que ele deve seguir seu destino e ser o Sol, o Sol quente, que, quando passa no céu, faz secar o nosso arroz.

Quando tudo estava preparado, agarraram todos juntos o Sol, levantaram-no, empurraram-no para cima, embora ele lhes queimasse as mãos, e o arremessaram ao céu, falando assim:

— *Ô, Sol! Tu deves seguir o teu caminho, deves iluminar a Terra com teu calor.*

E lá se foi ele! Ouviu as palavras dos meninos e cumpriu seu destino.

Quando o Sol foi lançado para o céu, tornou-se redondo e nunca mais foi um homem.

E assim é: vem o Sol e a escuridão vai embora; o Sol se deita, vem a escuridão e, com ela, vem a Lua. Depois a Lua se esconde e o Sol se levanta e expulsa a escuridão.

O Deus Sol
(Mitologia grega.)

Os gregos chamavam o deus do sol de Hélios. De acordo com o poeta grego Hesíodo, Hélios era o filho de dois titãs – Theia e Hyperion. Era irmão da deusa da alvorada, Eos, e da deusa da Lua, Selene. A deusa da alvorada, Eos, começava o cortejo da manhã e era seguida pela carruagem dourada, puxada por quatro cavalos brancos soltando fogo pelas narinas, de seu irmão Hélios. Ele saía do Oriente e subia até o ponto mais alto do Meio-Dia, para então começar a descer para o Ocidente, mergulhando no oceano ou descansando atrás das montanhas, completando sua ronda diária. Então, flutuava de volta para o seu palácio no leste em uma taça dourada. Mais tarde, o deus Apolo substituiu o deus Hélios.

Fábula A Cigarra e a Formiga em Duas Versões

Esopo

Num belo dia de inverno, as formigas estavam tendo o maior trabalho com suas reservas de trigo. Depois de uma chuvarada, os grãos tinham ficado completamente molhados. A cigarra apareceu voando com dificuldade:
— Por favor, formigas, podem dar-me um pouco de trigo? Estou morrendo de fome, muito fraca.
As formigas, a contragosto, pararam de trabalhar e perguntaram:
— Mas por que não tem o que comer? O que você fez durante o verão? Não se lembrou de guardar alguma coisa para o inverno?
— Eu não tive tempo – respondeu a cigarra. – Passei o verão cantando!

— Bom... Já que passou o verão cantando, que tal passar o inverno dançando? – disseram as formigas e voltaram ao trabalho rindo, debochadas.

Moral da história: "Os preguiçosos colhem o que merecem".

A Cigarra e a Formiga

La Fontaine (1621-1695)
Tradução de Bocage (1765-1805)

Tendo a cigarra, em cantigas,
Folgado todo o verão,
Achou-se em penúria extrema,
Na tormentosa estação.
Não lhe restando migalha
Que trincasse, a tagarela
Foi valer-se da formiga,
Que morava perto dela.
– Amiga – diz a cigarra –,
– Prometo, à fé de animal,
Pagar-vos, antes de agosto,
Os juros e o principal.
A formiga nunca empresta,
Nunca dá; por isso, junta.
– No verão, em que lidavas?
– À pedinte, ela pergunta.
Responde a outra: – Eu cantava
Noite e dia, a toda a hora.
— Oh! Bravo! – torna a formiga
— Cantavas? Pois dança agora!

Conto de Fadas

Branca de Neve

Há muito tempo, no coração do inverno, enquanto flocos de neve caíam do céu como fina plumagem, uma rainha, nobre e bela, sentada em frente à janela aberta, bordava e, de quando em quando, olhava a paisagem. Distraída, picou o dedo com a agulha, e três gotas de sangue vermelho caíram na neve, produzindo um efeito lindo: o branco manchado de vermelho e realçado pela negra moldura de ébano da janela. A rainha suspirou e pensou: "Quem me dera ter uma filha tão alva como a neve, com lábios vermelhos como o sangue e cabelos negros como o ébano!".

Algum tempo depois, teve uma filhinha tal e qual havia desejado: sua tez era tão alva como a neve, lábios vermelhos como o sangue e os cabelos negros como o ébano. Chamaram a menina de Branca de Neve. Mas, ao nascer a criança, a rainha morreu.

Depois de passado o ano de luto, o rei casou-se novamente, com uma princesa de grande beleza, mas extremamente orgulhosa e tirana. Não podia suportar a ideia de que alguém a superasse em beleza. Ela possuía um espelho mágico, no qual se admirava frequentemente.

E, então, dizia:

— Espelho, meu espelhinho, responde-me com franqueza: qual a mulher mais bela de toda a redondeza?

O espelho respondia:

— Sois vós a mulher mais bela, afirmo com toda certeza.

Ela, então, sentia-se feliz, porque sabia que o espelho só podia dizer a pura verdade. No entanto, Branca de Neve crescia e tornava-se cada vez mais bela e graciosa. Aos 7 anos de idade, era tão linda como a luz do dia e muito mais que a rainha.

Um dia, a rainha, sua madrasta, como de costume consultou o espelho.
— Espelho, meu espelhinho, responde-me com franqueza: qual a mulher mais bela de toda a redondeza?

O espelho respondeu:
— Real senhora, sois de uma beleza infinita, porém Branca de Neve é ainda mais bonita!

A rainha estremeceu e ficou verde de ciúmes. A partir desse dia, cada vez que via Branca de Neve, adorada por todos pela gentileza, seu coração tinha verdadeiros sobressaltos de raiva. Sua inveja e seus ciúmes cresciam como erva daninha, atormentando-a dia e noite. Até que não pôde mais. Mandou chamar o caçador real:

— Leva essa menina para a floresta e mate-a! Não quero mais tornar a vê-la. Traz para mim o coração e o fígado, como prova de sua morte.

O caçador obedeceu. Levou a menina para a floresta sob o pretexto de lhe mostrar os animais que lá havia. Mas, quando desembainhou o facão para enterrá-lo no coração da menina, ela desatou a chorar e implorou:

— Por favor, caçador, deixa-me viver! Prometo ficar na floresta e nunca mais voltar ao castelo. Quem te mandou matar-me nunca saberá que me poupaste a vida.

Era tão linda e meiga que o caçador, que não era mau homem, apiedou-se dela e disse:

— Pois bem, fica na floresta, mas não volte ao castelo, porque lá a morte seria certa.

Por dentro pensava: "Nada arrisco, pois os animais ferozes vão devorá-la em breve, e a vontade da rainha será satisfeita, sem que eu seja obrigado a suportar o peso desse horrível crime".

Justamente, nesse momento, passou correndo uma corça. O caçador matou-a, tirou-lhe o coração e o fígado e levou-os à rainha como se fossem de Branca de Neve.

No castelo, o cozinheiro foi incumbido de prepará-los e cozê--los; e, no seu rancor feroz, a rainha comeu-os com alegria desumana, certa de estar comendo o que havia sido de Branca de Neve... Mal sabia ela que o caçador a havia enganado!

Enquanto isso, a menina, que tinha sido abandonada na floresta, vagava tremendo de medo, sem saber o que fazer. Tudo a assustava: o ruído da brisa, uma folha que caía... Enfim, tudo produzia nela um terrível pavor.

Ouvindo o uivar dos lobos, pôs-se a correr, cheia de terror. Os pezinhos delicados feriam-se nas pedras pontiagudas, e ela ficou toda arranhada pelos espinhos. Passou perto de muitos animais ferozes, mas eles não lhe fizeram mal algum.

Depois de correr por sete montanhas, à noitinha, cansada e ofegante, encontrou uma linda casinha, situada no meio de uma clareira. Entrou, mas não viu ninguém.

Ela logo percebeu que a casa devia ser habitada, pois notou que tudo estava muito asseado e ajeitado, dando gosto de ver.

Uma mesa de madeira coberta com uma fina toalha branca estava posta com: sete pratinhos, sete colherinhas, sete garfinhos, sete faquinhas e sete copinhos, tudo muito arrumadinho.

No quarto, ela viu sete caminhas, uma junto da outra, com seus lençóis brancos.

Branca de Neve, que morria de fome e sede, aventurou-se a comer um pouquinho do que estava servido em cada pratinho. Mas, para não deixar alguém sem nada para comer ou beber, tirou somente um bocadinho de cada prato e bebeu apenas um golinho do vinho de cada copo.

Depois, não aguentando de cansaço, foi deitar-se numa caminha. A primeira era curta demais, a segunda muito estreita. Foi experimentando-as todas até que, finalmente, a sétima tinha a medida justa. Então, fez sua oração e adormeceu profundamente.

Ao anoitecer, chegaram os donos da casa. Eram os sete anões, que trabalhavam durante o dia na escavação de minério na montanha.

Cada qual acendeu uma lanterninha e, quando a casa se iluminou, viram que alguém tinha entrado lá, porque não estava tudo na ordem perfeita que haviam deixado ao sair.

Sentaram-se à mesa, e, então, disse o primeiro: — Quem mexeu na minha cadeirinha?

O segundo: — Quem comeu do meu pratinho?

O terceiro: — Quem tocou no meu pãozinho?

O quarto: — Quem usou o meu garfinho?

O quinto: — Quem tirou um pouco da minha verdurinha?

O sexto: — Quem cortou com a minha faquinha?

E o sétimo: — Quem bebeu do meu copinho?

Depois da refeição, foram para o quarto; notaram logo as caminhas amassadas; o primeiro reclamou:

— Quem deitou na minha caminha?

— E na minha?

— E na minha? – gritaram os outros, cada qual examinando a própria cama.

Enfim, o sétimo descobriu Branca de Neve dormindo a sono solto na sua caminha.

Correram todos com suas lanterninhas e cheios de admiração exclamaram:

— Ah, que linda! Que encantadora menina!

Sentiam-se tão enlevados e felizes com aquela imagem que não quiseram acordá-la.

O sétimo anão dormiu uma hora com cada um de seus companheiros e assim passou a noite.

No dia seguinte, quando Branca de Neve acordou e levantou-se, ficou muito assustada ao ver os sete anões.

Mas eles a receberam sorrindo e perguntaram com a maior amabilidade:

— Qual é o seu nome?

— Branca de Neve – respondeu ela.

— Como veio parar aqui em nossa casa?

Ela lhes contou como sua madrasta havia mandado matá-la e como o caçador permitiu que ela fugisse para a floresta. Disse que correu o dia todo e acabou chegando ali. Quando viu a linda casinha, resolveu entrar para descansar um pouco.

Os anões perguntaram:

— Quer ficar conosco? Aqui não vai te faltar nada. Mas tens que ajudar a cuidar da casa, fazer nossa comida, lavar e passar nossa roupa, coser, tecer nossas meias e manter tudo muito limpo e em ordem. Viveremos em harmonia, e serás a nossa rainha.

— Sim, concordou a menina – ficarei com vocês de todo o coração!

E ficou morando com eles, procurando manter tudo sempre em ordem. Pela manhã, eles partiam para as cavernas em busca de ouro e minérios; à noite, quando voltavam, todos jantavam juntos, muito alegres.

Como a menina ficava só durante o dia, os anões advertiram-na que prestasse atenção:

— Toma cuidado com a tua madrasta; não tardará a saber onde estás, por isso, durante nossa ausência, não deixes entrar ninguém aqui.

A rainha, entretanto, certa de ter comido o fígado e o coração de Branca de Neve, vivia despreocupada e nem consultava seu espelho. Ela pensava, satisfeita, que era, novamente, a primeira e mais bela mulher do reino.

Certo dia, porém, teve a fantasia de fazer uma consulta, certa de que ele lhe responderia que ela era a mais bela. Assim mesmo, perguntou:

— Espelho, meu espelhinho, responde-me com franqueza: qual a mulher mais bela de toda a redondeza?

Imaginem seu espanto quando o espelho respondeu:

— Real senhora, do país és a mais bonita. Mas Branca de Neve, que por trás dos montes vive em casa dos sete anões, tem uma beleza infinita!

A rainha ficou furiosa, pois sabia que o espelho não podia mentir. Percebeu que o caçador a havia enganado e que Branca de Neve estava viva!

Novamente consumida pelo ciúme e pela inveja, só pensava na maneira de acabar com ela.

Pensou, pensou, pensou... Só se acalmou quando julgou ter planejado uma solução. Pintou o rosto e disfarçou-se de uma velha vendedora de quinquilharias. Estava irreconhecível.

Assim disfarçada, transpôs as sete montanhas e foi à casa dos sete anões. Chegando lá, bateu à porta e gritou:

— Belas coisas para vender, belas coisas; quem quer comprar?

Branca de Neve, que estava no primeiro andar e se aborrecia por ficar sozinha todos os dias, abriu a janela e perguntou à mulher o que tinha para vender.

— Oh! Coisas lindíssimas – respondeu a velha. — Olhe este fino e elegante cinto.

E mostrava um cinto de cetim cor-de-rosa, forrado de seda multicor. "Creio que essa senhora posso deixar entrar sem perigo", calculou Branca de Neve. Então, desceu, puxou o ferrolho e comprou o cinto.

Mas a velha disse-lhe:

— Tu não sabes abotoá-lo! Vem, por esta vez, eu te ajudarei a fazê-lo, como se deve.

A menina virou-se de costas para a velha, confiante, e deixou que ela lhe abotoasse o cinto; então, a cruel madrasta, mais que depressa, apertou-o com tanta força que a menina, sem respirar, caiu desacordada no chão.

— Ah, ah! -— exclamou a rainha, muito contente. — A mais bela agora sou eu! – E fugiu rapidamente, voltando ao castelo.

Felizmente, os anões, nesse dia, tendo terminado o trabalho mais cedo que de costume, voltaram logo para casa.

Foi um grande susto encontrar a querida Branca de Neve estendida no chão, como se estivesse morta! Ergueram a menina e perceberam que o cinto apertava demais sua cinturinha. Soltaram--no rapidamente, e ela começou a respirar com dificuldade até que, pouco a pouco, voltou a si e pôde contar o que tinha acontecido.

Os anões disseram-lhe:

— Que imprudência; aquela velha era, sem dúvida, a tua horrível madrasta. Portanto, no futuro, é preciso mais cuidado; ninguém pode entrar quando não estivermos em casa. Ninguém.

A pérfida rainha, logo que chegou ao castelo, correu ao espelho, esperando, enfim, ouvi-lo proclamar a sua beleza, o que para ela soava como música, e perguntou:

— Espelho, meu espelhinho, responde-me com franqueza: qual a mulher mais bela de toda a redondeza?

Como da outra vez, o espelho respondeu:

— Real senhora, do país és a mais bonita. Mas Branca de Neve, que por trás dos montes vive em casa dos sete anões, tem uma beleza infinita!

O sangue gelou nas veias da pérfida rainha. Ela empalideceu de inveja e, depois, contorcendo-se de raiva, compreendeu que a rival ainda estava viva. Pensou, novamente, num meio de acabar definitivamente com a causa da sua dor.

"Ah, desta vez, hei de arranjar alguma coisa que será a sua ruína!"...

E, como entendia de bruxarias, pegou uma fivela, um magnífico pente cravejado de pérolas, e besuntou-lhe os dentes com o veneno feito por artes de seus sortilégios.

Depois, disfarçando-se de outro modo, dirigiu-se para a casa dos sete anões. Quando chegou bateu à porta, gritando:

— Belas coisas para vender! Coisas bonitas e baratas! Quem quer comprar?

Branca de Neve abriu a janela e disse:

— Podeis seguir vosso caminho, boa mulher; eu não posso abrir a ninguém.

— Mas olhar, apenas, não te será proibido! – disse a velha. — Olha este pente cravejado de pérolas e digno de uma princesa. Pega nele e admira de perto, nada pagarás por isso!

Branca de Neve deixou-se tentar pelo brilho das pérolas; depois de o ter bem examinado, quis comprá-lo e abriu a porta à velha, que lhe disse:

— Espera, vou ajudar você a pôr o pente nos teus lindos e sedosos cabelos, para que fiques bem bonita.

A pobre menina, sem saber, deixou a velha enterrar o pente com violência. Mal os dentes tocaram-lhe a pele, Branca de Neve caiu morta por causa do veneno.

A rainha maldosa resmungou, satisfeita:

— Enfim, bem morta, Flor de Beleza! Agora, acabou! Adeus! – exclamou, soltando uma gargalhada medonha e regressando com pressa ao castelo.

Já estava anoitecendo, e os anões não tardaram a chegar. Quando viram Branca de Neve estendida no chão, desacordada, logo adivinharam nisso a mão da madrasta. Procuraram o que lhe poderia ter feito e encontraram o pente envenenado. Assim que o tiraram da cabeça, a menina voltou a si e pôde contar o que sucedera. Novamente, eles a preveniram que tomasse cuidado e não abrisse a porta:

— É claro que foi a rainha quem te pregou essa peça. Precisamos que nos prometas que nunca mais abrirás a porta, seja lá a quem for.

Branca de Neve prometeu tudo o que os anões lhe pediram.

Apenas de volta ao castelo, a rainha correu para o espelho:

— Espelho, meu espelhinho, responde-me com franqueza: qual a mulher mais bela de toda a redondeza?

Mas a resposta foi como das vezes anteriores. O espelho repetiu:

— Real senhora, do país és a mais bonita. Mas Branca de Neve, que por trás dos montes vive em casa dos sete anões, tem uma beleza infinita!

Ao ouvir tais palavras, ela teve um espasmo de ódio e gritou com fúria:

— Hás de morrer, criatura miserável, ainda que eu tenha de morrer também!

Levou vários dias consultando todos os livros de bruxaria; finalmente, fechou-se num quarto, cuidadosamente oculto no castelo, onde jamais entrava alma viva e aí preparou uma maçã, impregnando-a de veneno mortal.

Por fora, era mesmo tentadora, branca e vermelha, e com um perfume tão delicioso que despertava a gula de qualquer um. Mas quem provasse um pedacinho teria morte certa.

Tendo assim preparado a maçã, pintou o rosto, disfarçou-se de camponesa e lá se foi, transpondo as sete montanhas, indo bater à casa dos sete anões. Branca de Neve saiu à janela e disse:

— Vai embora, boa mulher, não posso abrir a ninguém; os sete anões proibiram.

— Não preciso entrar – respondeu a falsa camponesa. — Podes ver as maçãs pela janela, se as quiseres comprar. Eu venderei por aí minhas maçãs, mas quero dar-te esta de presente. Vê como ela é magnífica! Seu perfume embalsama o ar. Prova um pedacinho, estou certa de que a acharás deliciosa!

— Não, não – respondeu Branca de Neve. — Não me atrevo a aceitar.

— Receias, acaso, que esteja envenenada? – disse a mulher. — Olha, vou comer a metade da maçã e tu depois poderás comer o resto para veres que deliciosa é ela.

Cortou a maçã e pôs-se a comer a parte branca e mais tenra, pois a maçã havia sido habilmente preparada de maneira que o veneno estava todo concentrado no lado vermelho.

Branca de Neve, tranquilizada, olhava com desejo para a linda maçã e, quando viu a camponesa mastigar a sua metade, não resistiu, estendeu a mão e pegou a parte envenenada. Apenas lhe deu a primeira dentada, caiu no chão, sem vida.

Então, a pérfida madrasta contemplou-a com ar feroz. Depois, saltando e rindo com uma alegria infernal, exclamou:

— Branca como a neve, rosada como o sangue e negra como o ébano! Enfim, morta, morta, criatura infernal! Desta vez, nem todos os anões do mundo poderão despertar-te!

Apressou-se a voltar ao castelo; mal chegou, dirigiu-se ao espelho e perguntou:

— Espelhinho, meu espelhinho, responde-me com franqueza: qual a mulher mais bela de toda a redondeza?

Desta vez, o espelho respondeu:

— De toda a redondeza agora, Real senhora, sois vós a mais formosa!

Sentiu-se transportada de júbilo, e seu coração tranquilizou-se, enfim. Tanto quanto é possível a um coração invejoso e mau...

Os anões, regressando à noitinha, encontraram Branca de Neve estendida no chão, morta. Levantaram-na e procuraram, em vão, o que pudera causar-lhe a morte: desabotoaram-lhe o vestido, pentearam-lhe o cabelo, lavaram-na com água e vinho, mas tudo foi inútil. A menina estava realmente morta.

Então, colocaram-na num esquife e choraram durante três dias. Depois, resolveram enterrá-la, porém ela conservava as cores frescas e rosadas, como se estivesse dormindo. Não parecia morta.

— Não, não podemos enterrá-la na terra úmida.

Fabricaram um esquife de cristal para que ela fosse visível de todos os lados e gravaram na tampa, com letras de ouro, o seu nome e sua origem real. Colocaram-na dentro deitada e levaram-na para o cume da montanha vizinha, onde ficou exposta. Cada um por sua vez ficava ao pé do esquife para guardá-lo contra os animais ferozes.

Mas até podiam dispensar-se disso, pois os animais, todos da floresta, até mesmo os abutres, os lobos, os ursos, os esquilos e as pombinhas, vinham chorar ao pé da inocente Branca de Neve.

Muitos anos passou Branca de Neve dentro do esquife, sempre com o mesmo belo rosto. Parecia estar dormindo, pois sua tez era ainda como a desejara a mãe: branca como a neve, lábios vermelhos como o sangue e os longos cabelos negros como ébano. Não tinha o mais leve sinal de morte.

Um belo dia, um jovem príncipe, filho de um poderoso rei, tendo-se extraviado durante a caça na floresta, chegou à montanha onde Branca de Neve repousava dentro de seu esquife de cristal. Viu-a e ficou deslumbrado com tanta beleza. Leu o que estava gravado em letras de ouro e não mais a esqueceu.

Pernoitando em casa dos anões disse-lhes:

— Deixem-me levá-la; eu vos darei todos os meus tesouros para poder levá-la ao meu castelo.

Mas os anões responderam:

— Não, não cedemos a nossa querida filha nem por todo o ouro do mundo.

O príncipe caiu em profunda tristeza e permaneceu extasiado na contemplação da beleza tão pura de Branca de Neve. Insistiu com os anões:

— Deixem-me levá-la, por favor. Já não posso mais viver sem a ter diante de meus olhos. Quero dar-lhe as honras que só se prestam ao ser mais amado neste mundo.

Ao ouvirem essas palavras, e vendo a grande tristeza do príncipe, os anões compadeceram-se dele e deram-lhe Branca de Neve, certos de que ele não deixaria de colocá-la na sala de honra do seu castelo.

O príncipe chamou seus criados e mandou que carregassem nos ombros o caixão.

Aconteceu, porém, que um dos criados tropeçou numa raiz de árvore e, com o solavanco, pulou da boca meio aberta de Branca de Neve o bocadinho de maçã que ela mordera, mas não engolira.

Ela se reanimou, respirou profundamente, abriu os olhos, levantou a tampa do esquife e sentou-se. Estava viva!

— Meu Deus, onde estou? – exclamou.

O príncipe, radiante de alegria, disse-lhe:

— Estás comigo. Agora acabaram todos os teus tormentos, linda princesa. Sois a coisa mais preciosa de tudo quanto há no mundo para mim. Vamos ao castelo de meu pai, que é um grande e poderoso rei, e serás a minha esposa querida.

Como o príncipe era encantador e muito gentil, Branca de Neve aceitou o pedido.

O rei, muito satisfeito com a escolha do filho, mandou preparar tudo para um casamento suntuoso.

Para a festa, além dos anões, foi convidada também a rainha que, sem saber quem era a noiva, vestiu os seus mais ricos trajes, pensando brilhar mais do que todas as damas e donzelas. Depois de vestida, foi contemplar-se no espelho, certa de ouvi-lo proclamar sua beleza triunfante.

— Espelho, meu espelhinho, responde-me com franqueza: qual a mulher mais bela de toda a redondeza?

Qual não foi seu espanto ao ouvi-lo responder:

— Real senhora, de todas aqui sois a mais bela agora, mas a noiva do filho do rei é de vós mil vezes mais formosa!

A perversa mulher soltou uma imprecação e ficou tão exasperada e descontrolada que não queria mais ir à festa. Entretanto, como a inveja não lhe dava tréguas, sentiu-se arrastada a ver quem era a tal jovem rainha.

Quando fez a entrada no castelo perante a corte reunida, Branca de Neve logo reconheceu a madrasta e quase desmaiou de susto.

A horrível mulher fitava-a como uma serpente ao hipnotizar um passarinho. Mas, sobre o braseiro da lareira, já estavam prontos um par de sapatos de ferro, que haviam ficado a esquentar em ponto de brasa. Os anões, que prepararam tudo, apoderaram-se dela e, calçando-lhe à força aqueles sapatos quentes como fogo, obrigaram-na a dançar, a dançar e a dançar, até cair morta no chão.

Em seguida, realizou-se a festa com um esplendor jamais visto sobre a Terra e todos, grandes e pequenos, ficaram profundamente alegres.

Lendas

O Anel Mágico

O Rei Salomão foi o mais sábio de todos os homens. Ele entendia até mesmo a linguagem dos pássaros e dos outros animais. Ninguém podia comparar-se a ele em sabedoria. Mas o Rei Salomão tinha um problema. Por ser muito inteligente, às vezes ficava tão feliz que se esquecia das boas maneiras e não se comportava como um rei, pulando e saltando de alegria. Outras vezes, ficava tão triste que não queria ver ninguém, trancando-se em seus aposentos.

Ele gostava de andar no meio de seu povo para senti-lo de perto. Numa manhã de domingo, Salomão foi ao mercado. Ali viu comerciantes apregoando suas mercadorias: "Maçãs à venda!", gritava um homem. "Venham ver meus lindos tecidos", gritava outro. No fim da praça do mercado, o rei ouviu um comerciante contando vantagem: "Eu sou o maior joalheiro de toda a terra. Ninguém faz joias como eu!".

Salomão não gostou de ouvir alguém assim tão convencido. Foi até o homem e disse:

— Você realmente acha que é o mais talentoso joalheiro da Terra?.

— Sim – respondeu o artesão. — Minhas joias agradarão qualquer homem ou mulher.

— Se é assim, então me faça um anel – o rei disse. — Eu quero que esse anel me traga temperança, me deixe calmo quando eu estiver muito eufórico e, quando eu estiver me sentindo triste e deprimido, quero que ele me levante o ânimo. A joia deverá ser entregue até amanhã à noite.

— Mas como poderei criar tal anel? – disse o joalheiro com medo. — Eu não sou mágico. Sou um simples artesão.

— Você devia ter pensado nisso antes de começar a se vangloriar — disse o rei. — Lembre-se, eu quero que o anel seja entregue até amanhã à noite, nem um dia mais.

O joalheiro foi para casa triste e amedrontado. "Como produzir tal anel?", ele pensou e pensou. Depois de muitas horas, já ao amanhecer, teve uma ideia. Pegou suas ferramentas, acendeu o fogo e começou a criar a joia, moldando o ouro.

No dia seguinte, correu para o palácio e, diante da corte, entregou-o ao rei numa pequena caixa. O Rei Salomão abriu a caixa e, quando viu o anel, olhou para ele com admiração.

— Você realmente realizou meu pedido. Toda vez que eu olhar para esse anel, saberei que as tristezas são temporárias. E que os momentos alegres também se vão.

No anel estava gravado: "Isso também passará".

São Pedro e os Pães

Numa ocasião, quando o Mestre andava pelo mundo com os doze apóstolos, eles se viram em meio ao campo com fome e sem pão. O Mestre disse:

— Carreguem uma pedra cada um.

Os apóstolos pegaram uma pedra cada um, Pedro escolheu uma bem pequena e seguiram o caminho. Os homens andavam com dificuldade por conta do peso das pedras que carregavam, exceto Pedro, que caminhava folgadamente. Até que chegaram a uma aldeia e, com a fome apertada, foram tentar comprar pão, mas nada havia.

O Mestre benzeu as pedras, e elas se tornaram pães.

Os apóstolos ficaram satisfeitos: ganharam pães grandes para comer. Mas Pedro, que levara aquela pedrinha, viu-se com um pãozinho na mão e sentiu-se injustiçado.

Retomaram o caminho, e o Mestre, mais uma vez, disse-lhes que pegassem uma pedra. Dessa vez, Pedro não perdeu tempo, pegou uma pedra que mal conseguia levantar. Caminhou dando os passos com enorme esforço. Os outros, por sua vez, dessa vez levavam pedras mais leves. E o Senhor disse aos apóstolos:

— Rapazes, agora vamos dar umas risadas à custa de Pedro.

Chegaram a uma aldeia, cheia de padarias que desenfornavam pão naquele momento. Os apóstolos jogaram fora suas pedras. Apareceu São Pedro, curvado ao meio com o peso da pedra. Ao ver todo aquele pão, ficou com tanta raiva que não quis nem mesmo provar um pedaço.

Histórias nos Hospitais

O Sapo e a Sereia

(História criada na enfermaria infantil do Incor com mandala chinesa[15]. Bernardo (seis anos) puxou o tema; Alexandre e Carlos desenhavam enquanto a história estava sendo criada.)

Era uma vez um enorme jacaré de dentes pontudos que vivia na beira do rio. Um dia, ele viu uma linda sereia tomando sol numa pedra. O jacaré abriu a enorme boca e engoliu a sereia inteirinha. Nem deu tempo de ela perceber.

O sapo que estava sobre a pedra, ao lado da sereia, viu tudo. Esperou o jacaré dormir de boca aberta. Entrou dentro da barriga dele e resgatou a sereia.

Os dois ficaram na beira do rio sem saber o que fazer. A sereia, com medo de entrar na água e dar de cara com jacaré, e o sapo querendo ajudar a sereia, mas sem saber como.

---

15 Brinquedo de madeira que pode assumir várias formas.

De repente, eles ouviram um barulho. Era um cavalo que se aproximava. Quando o sapo olhou para o cavalo e o cavalo olhou para o sapo, perceberam que já se conheciam de algum lugar. O sapo pulou nas costas do cavalo e eles saíram galopando, dizendo para a sereia que voltariam em breve com a solução.

Entraram na floresta, e o cavalo levou o sapo para a casa da fada da floresta. Quando a fada viu o sapo, percebeu que ele estava enfeitiçado. Com seus poderes, a fada transformou o sapo em príncipe. O príncipe montou no cavalo e levou a fada até a sereia. A fada fez outro feitiço e transformou a sereia numa princesa. Ela montou na garupa do príncipe, e eles foram embora e viveram felizes para sempre.

A Ilha

(Pequeno conto que escrevi a partir de uma experiência no Incor, com uma menina de aproximadamente 4 anos.)

Quando entrei no quarto, confirmei o que me disseram. Manhosa, mal-humorada. Na verdade, assustada e cansada.

— Eu já sei que você não vai embora hoje... Que chato, né?

— ...

— Mas tudo vai se resolver rápido e já, já você vai para casa.

— ...

— Quer ouvir uma história?

Sacode a cabeça que sim.

— De quê?

— De mar.

— Hummm... História de mar eu não sei. Só se a gente inventar uma. O que você acha?

— ...

— Olha, eu tenho uma bonequinha que veio da praia. Comprei em Fortaleza.

Dobro um barquinho de papel, coloco a boneca dentro dele e navego com o barco nos lençóis brancos.

— Ela estava navegando, navegando, até que chegou numa ilha. A menina estica o braço para o meu colar de contas coloridas. Tiro do pescoço e dou para ela. Continuo:

— Na ilha morava uma cobra toda colorida. Quando encontrou a menina... o que será que ela fez?

Pega o colar e morde a boneca: "pssst!".

— Mordeu a menina? E o veneno? Era de matar ou de deixar maluquinha?

— De matar.

— Ah!... A menina morreu...

Enquanto enterro a boneca nas dobras do lençol, tento encontrar uma saída. Lembro-me de que ainda tenho um pedaço de papel no bolso. Dobro rapidamente um pássaro que bate asas.

— Mas ali perto morava um pássaro mágico que viu tudo. Ele veio voando e reviveu a menina. Ela ficou toda feliz. Levantou-se e...

Pega o colar e "pssst!", morde a boneca.

— A cobra mordeu de novo. A menina morreu de novo. Mas o pássaro estava atento e reviveu a menina. Ela ficou toda feliz e...

Ela insiste e "pssst!".

— A menina morreu de novo...

Enquanto eu a sepultava, pensava em nova estratégia. Enterros são bons para meditar.

— O pássaro reviveu a menina e disse "Ô menina, faça alguma coisa. Você não vê que essa cobra fica te matando toda hora?".

Ela cai na gargalhada. Pega a boneca, põe no barco de papel, que volta a navegar pelas ondas brancas de algodão.

História na AACD

O Diamante do Rei
(História criada pelas crianças do escolar da AACD da Mooca, a partir de imagens sorteadas do baralho de cartas.)

Era uma vez uma serpente que tinha uma língua de fogo. Ela vivia nos rochedos que ficavam na beira da praia de Iracema. Era uma serpente má.

Um dia, o rei Guilherme estava andando na beira da praia quando foi raptado pela serpente. Ela queria como resgate o diamante que o rei tinha escondido em seu palácio. Esse diamante brilhava intensamente e ficava num armário secreto, dentro de um baú cheio de areia.

A serpente, enrolada sobre seu trono vermelho, mordeu o rei fazendo com que ele caísse em sono profundo. Depois, ela se transformou em bruxa e foi até o castelo avisar à rainha Larissa que só devolveria o rei, se recebesse em troca o diamante.

A rainha não se apavorou: pegou seu violino, começou a tocá-lo e cantou uma canção mágica: *Vocaracatum, vocaracatum*, fazendo com que a bruxa ficasse bem maluquinha. Depois, ofereceu-lhe um pão envenenado, matando a malvada de uma vez.

A rainha Larissa correu até os rochedos levando uma água encantada que ela jogou sobre o rei Guilherme, fazendo com que ele acordasse imediatamente.

Depois dessa aventura, os monarcas decidiram vender o diamante e, com o dinheiro, construir casas e dar comida para os súditos que estivessem desabrigados. Além de ensinar a eles uma profissão para poderem viver com dignidade.

O rei Guilherme e a rainha Larissa governaram por muitos anos e foram muito felizes.

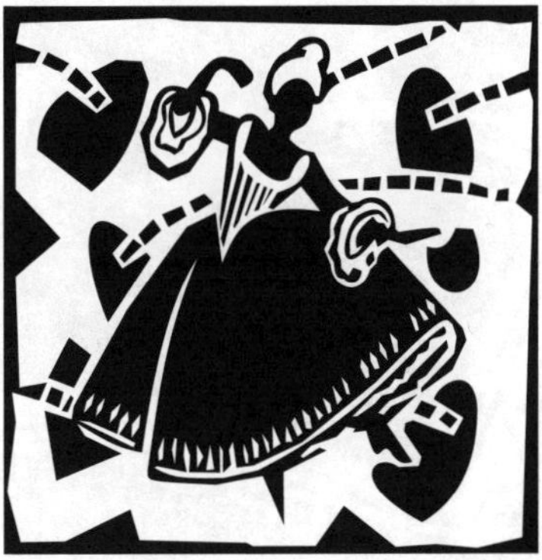

Bibliografia

ABRAMOVICH, Fanny. *Literatura Infantil – Gostosuras e Bobices*. 5. ed. São Paulo: Scipione, 2002.

ALMEIDA, Fernanda Lopes de. *A Fada que Tinha Ideias*. 2. ed. [s.l.]: Bonde/MEC, 1973.

AL-MUKAFA, Ibn. *Calila e Dimna*. Trad. Mansour Challita. Rio de Janeiro: Associação Cultural Internacional Gibran, 1975.

ALVES, Rubem. *Por Uma Educação Romântica*. 4. ed. Campinas: Papirus, 2002.

ANDERSEN, Hans Christian. *Obra Completa, Histórias e Contos de Fadas*. Trad. Eugenio Amado. Belo Horizonte: Villa Rica Editoras Reunidas, 1996.

ASH, Russel e HIGTON, Bernard (orgs.). *Fábulas de Esopo*. Trad. Eloísa Jahn. São Paulo: Companhia das Letrinhas, 1994.

ASSIS, Machado. *Dona Beneditta – Um Retrato. Seus Trinta Melhores Contos*. Rio de Janeiro: Nova Fronteira, 2000.

AZEVEDO, Ricardo. *Armazém do Folclore*. São Paulo: Ática, 2000.

BARBIERI, Stella e VILLELLA, Fernando. *Bumba Meu Boi*. São Paulo: Girafinha, 2007.

BAUM, L. Frank. *O Mágico de Oz*. Trad. William Lagos. São Paulo: L&PM Pocket, 2009.

BEHLAU, Mara e PONTES, Paulo. São Paulo: Livraria e Editora Revinter, 2009.

BETTELHEIM, Bruno. *A Psicanálise dos Contos de Fadas*. 3. ed. Rio de Janeiro, Paz e Terra, 1979.

BONAVENTURE, Jette. *O Que Conta o Conto?* São Paulo: Paulinas, 1992.

CAMPBELL, Joseph. *O Poder do Mito*. Trad. Carlos Felipe Moises. São Paulo: Palas Athena, 2003.

CASCUDO, Luís da Câmara. *Contos Tradicionais do Brasil*. 12. ed. São Paulo: Global, 2003.

CASCUDO, Luís da Câmara. *Dicionário do Folclore Brasileiro*. São Paulo: Global, 2012.

CHRISTIE, Agatha. *Os Primeiros Casos de Poirot*. Trad. Maria Moraes Rego. Rio de Janeiro: Nova Fronteira, 1967.

Coelho, Nelly Novaes. *O Conto de Fadas*. São Paulo: Difusão Cultural do Livro, 2003.
Condessa de Ségur. *As Férias*. Trad. Sonia Maria Penteado Piza. Rio de Janeiro: Editora do Brasil, s.d.
Condessa de Ségur. *As Meninas Exemplares*. Trad. Virginia Lafèfre. Rio de Janeiro: Editora do Brasil, s.d.
Condessa de Ségur. *Os Desastres de Sofia*. Trad. Sonia Maria Penteado Piza. Rio de Janeiro: Editora do Brasil, s.d.
Eisner, Will. *Sundiata, O Leão do Mali*. Trad. Antonio de Macedo Soares. São Paulo: Companhia das Letras, 2004.
Fedro, Caio Júlio. *Fábulas*. São Paulo: Escala, 2006.
Filho, Mario. *A Infância de Portinari*. Rio de Janeiro: Bloch, 1966.
Fontaine, Jean de La. *Fábulas de Jean de La Fontaine*. São Paulo: Landy, 2003.
Franz, Marie-Louise Von. *A Interpretação dos Contos de Fadas*. Trad. Maria Elci Spaccaquerque Barbosa. São Paulo: Paulus, 1990.
Furnari, Eva. *Traquinagens e Estripulias*. São Paulo: Global, 1997.
Garfunkel, Paulo. *Três Fábulas de Esopo*. São Paulo: Sesi SP, 2013.
Gould, Joan. *Fiando Palha, Tecendo Ouro*. Rio de Janeiro: Rocco, 2007.
Grimm, Jacob e Wilham. *Contos e Lendas dos Irmãos Grimm*. Trad. Íside M. Bonini. São Paulo: Edigraf, 1963. 8 vol.
Jarouche, Mamede Mustafa. *Livros das Mil e Uma Noites*. Mamede Mustafa Jarouche. São Paulo: Globo, 2005. 4 vol.
Jung, Carl. *Os Aquétipos e o Inconsciente Coletivo*. 3. ed. Trad. Maria Luiza Appy e Dora Mariana R. Ferreira da Silva. Rio de Janeiro: Vozes, 2003.
Korcsak, Janusz. *Quando eu Voltar a Ser Criança*. Rio de Janeiro: Summus, 1981.
Lacombe, Ana Luísa. *A Árvore de Tamoromu*, São Paulo: Formato, 2013.
Lacombe, Ana Luísa. *Histórias na AACD*. São Paulo: AACD, 2013.
Lacombe, Ana Luísa. *Teia de Experiências – Reflexões sobre a Formação do Contador de Histórias*. São Paulo: Coordenadoria do Sistema de

Bibliotecas do Munícipio de São Paulo, 2013 (disponível para baixar neste link: http://www.prefeitura.sp.gov.br/cidade/upload/Teia%20de%20 experiencias_1382928283.pdf).

LEBLANC, Maurice. *Arsène Lupin – O Ladrão de Casaca*. Rio de Janeiro: Vecchi, 1954.

LOBATO, Monteiro. *Reinações de Narizinho*. São Paulo: Brasiliense, 1964.

MACHADO, Regina. *Acordais – Fundamentos Teórico-poéticos da Arte de Contar Histórias*. São Paulo: Difusão Cultural do Livro, 2004.

MATOS, Gislayne Avelar. *A Palavra do Contador de Histórias*. São Paulo: Martins Fontes, 2005.

MATOS, Gislayne Avelar. *O Ofício do Contador de Histórias*. São Paulo: Martins Fontes, 2005.

NUNES, Lygia Bojunga. *Os Colegas*. Rio de Janeiro: José Olympio, 1992.

GIORDIANO, Claudio e MAGALHÃES, Glória (orgs.). *Os Mil e Um Dias – Contos Orientais*, São Paulo: Labortexto, 2001.

OZ, Amós. *De Repente nas Profundezas do Bosque*. Trad. Tova Sender. São Paulo: Seguinte, 2007.

PERRAULT, Charles. *Les Contes de Perrault*. Paris: Editions G. P., 1949. (Bibliotheque Rouge et Or.)

PORTER, Eleanor H. *Pollyana*. São Paulo: Companhia Editora Nacional, 2011.

PRIETO, Benita. *Contadores de Histórias – Um Exercício para Muitas Vozes*. Rio de Janeiro: Prieto Produções Artísticas, Sesc/Rio (disponível para baixar neste link: http://issuu.com/prietoproducoes/docs/00livro_ contadoresdehistorias#download).

PROPP, Vladimir. *As Raízes Históricas do Conto Maravilhoso*. São Paulo: Martins Fontes, 2002.

RIBEIRO, Jonas. *Ouvidos Dourados – A Arte de Ouvir as Histórias para Depois Contá-las*. 4. ed. São Paulo: Ave Maria, 2002.

ROCHA, Everardo P. G. *O Que é Mito*. 3. ed. São Paulo: Brasiliense, 1988.

RODARI, Gianni. *Gramática da Fantasia*. 9. ed. São Paulo: Summus, 1982.

SILVA, Fernando Correia da (org.). *As Maravilhas do Conto Africano*. 2. ed. São Paulo: Cultrix, 1962.

SINGER, Isaac Bashevis. *Histórias para Crianças*. Vladir Dupont. Rio de Janeiro: Topbooks, 2009.

SINGER, Isaac Bashevis. *Histórias para Crianças*. Rio de Janeiro: TopBooks, 2009.

TOLKIEN, J. R. R. *Sobre Histórias de Fadas*. Trad. Ronald Kyrmse. São Paulo: Conrad Editora, 2006.

VILLAS BOAS, Orlando e Claudio. *Xingu: Os Índios, Seus Mitos*. Rio de Janeiro: Zahar, 1976.

VOGLER, Christopher. *A Jornada do Escritor*. 2. ed. Trad. Ana Maria Machado. Rio de Janeiro: Nova Fronteira, 2006.

Sites de contadores de histórias e autores

http://www.fazeconta.art.br
Esse é meu site. Vou adorar receber sua visita. Lá você encontra informações sobre meu trabalho e contos em áudio e vídeo.

http://augustopessoacontadordehistorias.blogspot.com
Blog do contador de histórias Augusto Pessoa, do Rio de Janeiro. Além de ótimo narrador, o que você pode conferir nos vídeos, ele disponibiliza um material enorme de histórias, brincadeiras, adivinhas, etc.

http://www.benitaprieto.com.br
Site da Benita Prieto, contadora de histórias e organizadora de vários eventos ligados à narração de histórias, inclusive o Simpósio Internacional de Contadores de Histórias no Rio de Janeiro.

http://bocadoceu.com.br
Site do Encontro Internacional de Contadores de Histórias em São Paulo, organizado por Regina Machado.

https://ciadedoprosa.wordpress.com
Blog da Cia. Dedo de Prosa de Fernanda Viacava e Dinah Feldman com sua agenda e programação.

http://www.gislaynematos.com.br/gislaynematos.html
Site da grande contadora de histórias e escritora Gislayne Matos. Lá você pode comprar os livros da autora, cadernos e postais com histórias selecionadas por ela.

http://historiaseobjetos.com.br
Blog da contadora de histórias Kelly Orasi. Sua agenda, artigos e comentários.

http://www.ilan.com.br
Amigo, mestre e hoje mais autor que contador de histórias. Mas o conheci contando e sempre fiquei assombrada com seu carisma e a quantidade de histórias que Ilan conhece. Um grande pesquisador e autor delicioso de livros que já viraram clássicos como *Até as Princesas Soltam Pum!*...

http://www.robertocarloscontahistoria.com
Site do contador de histórias. Sua agenda, seus projetos, seus produtos.

http://rodadehistoriasbr.blogspot.com.br
Blog com informações sobre contadores de histórias, criado por Fabiano Moraes, de Vitória no Espírito Santo, com links para outros sites interessantes. Tem uma porção de histórias também para ampliar seu repertório.

Sites de instituições citadas neste livro

http://www.aacd.org.br
Associação de Assistência à Criança Deficiente. Agora, não há mais o escolar, que foi onde atuei. Com a proposta da inclusão, as crianças passaram para a escola regular.

http://www.artedespertar.org.br
Por essa instituição, fiz um trabalho muito enriquecedor e gratificante. Quem quiser conhecer esse projeto é só acessar.

www.culturajudaica.org.br
Site do centro cultural com sua programação de cursos, espetáculos e cinema.

http://otablado.com.br
Lá me criei atriz e comecei a entender o que é a lida do ator. Referência até hoje na formação de atores. Tenho orgulho de ter sido aluna da própria Maria Clara Machado.

http://teatroventoforte.blogspot.com.br
Blog do Grupo de Teatro Ventoforte, de Ilo Krugli. Ele faz parte da história do teatro aqui no Brasil. É uma referência. Foi um dos que provocou um divisor de águas no teatro para as crianças. Seu teatro continua intenso, provocativo e cheio de responsabilidade sobre o que se fala.

Sugestões para pesquisa

http://www.prefeitura.sp.gov.br/cidade/upload/Teia%20de%20experiencias_1382928283.pdf
Livro organizado por mim, com artigos de vários contadores de histórias editado pelo Sistema Municipal de Bibliotecas Públicas de São Paulo.

http://www.aletria.com.br
Instituto Cultural Aletria de Belo Horizonte, criado pela Rosana Mont'Alverne que oferece uma programação de apresentações e oficinas, além de editar livros.

http://www.antroposofy.com.br/wordpress
Artigos, músicas, partituras, histórias. Biblioteca da Antroposofia. Os contos de Grimm estão disponíveis aqui, em versão original.

http://www.contosinterativos.com
Histórias criadas e ilustradas por crianças com animação de Ana Luisa Anker. Vale conhecer esse trabalho!

http://www.dominiopublico.gov.br
Obras de domínio público para você baixar. Vasta bibliografia.

http://www.releituras.com/index.asp
Site literário, com textos, biografias, contos ilustrados, curtas-metragens.

http://www.revistaemilia.com.br
Revista sobre leitura e livros para crianças e jovens. Artigos maravilhosos, resenhas, crítica literária.

http://www.ricardoazevedo.com.br
Site do autor com sua bibliografia e artigos acadêmicos sobre literatura para crianças. Seus livros, ilustrações, músicas... Vale uma visitinha.

http://www.sosaci.org
Agora, temos o Dia do Saci (31/10). Nesse site, você encontra várias informações sobre esse personagem tão brasileiro. Ele tem influência das três raças que compõem o nosso povo: índio, negro e branco.

http://virtualbooks.terra.com.br
Livros para você baixar gratuitamente em arquivos em PDF. Tem de tudo um pouco, cabe a você fazer uma triagem.